成長をかけ算にする

# サイバーエージェント
# 広報の仕事術

上村 嗣美
UEMURA TSUGUMI

日本実業出版社

# はじめに——小さな工夫で大きな成果を生み出す広報の秘訣！

「広報に取り組む意味は何ですか？」

こんな問いに、私なら迷わずこう答えるようにしています。

「自分たちの商品やサービスを利用してもらう〝**しかけ**〟がつくれること」

私が「Ameba」や「AmebaFRESH!」をはじめとするインターネットメディア運営やインターネットの広告事業をメインとする、サイバーエージェントという会社の広報の仕事に携わるようになって13年。

いまでこそ社員数3500人以上と大きく成長しましたが、私がこの会社で広報の仕事を始めたときは、まだ30人そこそこの会社に過ぎませんでした。

ですから、30人の会社の広報から、それこそ3000人の会社の広報まで、あらゆる広報戦略に携わってきたのが私の強みでもあります。

「広報」とひと言で言っても、その仕事は多岐にわたります。

地道なネタ探しに始まり、プレスリリースや記者発表、会社のリスクマネジメントまで手がけることも。

また、各種イベントや企業間のコラボレーション企画をするなど、この10年ほどで広報における仕事の役割は日々重要性が増しているように思います。

さらにここ数年では、企業の広報活動も新時代を迎え、新しい視点からの業務見直しが進んでいます。

なぜなら、その大きな理由として企業のグローバル化やSNSの普及など、私たちが働く環境が目まぐるしい変化を遂げ、自分たちの商品やサービスの伝達手段も多様化してきたからです。

ただし、こうした環境下においても、巧みな広報戦略で業績を伸ばしている会社はたくさんあります。

社会環境の変化やリスクをうまくコントロールしながら、「モノが売れない時代」と言われる今日でも、「広報のチカラ」によって、大きな成果を生み出しているのです。ここに、広報という仕事を成功させる秘訣が隠されています。

とは言うものの、メディアの多様化や情報過多の時代において、どのような広報戦略を打ち立てていけばいいのでしょうか――。

「広報にかける予算もないし、商品やサービスの売り出し方もわからない」

本書では、そのような悩みを抱えている企業やビジネスパーソンに向けて、いかに広報の仕事を会社の成長に結びつけるかという視点で切り込んでいきたいと思いますが、その前提にあるのが、**「広報こそ、経営戦略と表裏一体」**ということです。

では、広報が経営戦略と表裏一体とはどのようなことでしょうか。ここで、大きく3つのポイントをご紹介します。

- **いかに会社と社会の関係性（コミュニケーション）を築き上げていくか**
- **いかに自社の商品やサービスを知ってもらい、利用していただくか**
- **いかに自社のカルチャーを知ってもらい、社員採用につなげるか**

いかがでしょうか？

これらはまさに、企業経営そのものを表していると言えるのではないでしょうか。

そう考えてみれば、広報という仕事は経営に直結するとても責任ある仕事なのです。

つまり、広報の戦略ひとつで経営や事業を推進させることもあれば、ちょっとしたつまずきで、その逆もあり得るのです。これは私が広報という仕事に長年携わっているなかで痛感していることです。

それでも、会社とメディアとの単なる「中継ぎ役」としてだけでなく、勇気を持って「**攻めの広報**」という姿勢を貫くことで会社の広報力がアップしていき、それによって、会社が成長していくという手応えをじかに感じることができました。

このように、自分の仕事が目に見えて会社の成果として表れたときに、会社における自分の存在意義や、やりがいを持てる瞬間に立ち会うことができる――。

それこそが、広報の仕事が何倍も楽しくなる最大の魅力でもあるのです。

また、最近私が実感しているのが、「広報の仕事をやりたい」という女性が増えていること。実際に、広報職につく女性も年々増えているのも事実です。

私のような結婚・出産をしても仕事を続けるワーキングマザーが増えているなか、中長期でキャリアを築くために専門性の高い広報の仕事に就きたいという希望があるのかもしれません。

そのように広報の職に就き、活躍する女性が増えていく。その姿を目にすることで、「自分も同じようにイキイキと働きたい」と広報職を希望する女性が増えるというループができているのでしょう。

「広報の仕事に興味があるのですが…」

「広報になりたいのですが…」

「未経験で広報になったのですが、何をすればいいでしょうか？」

多くの女性から、このような相談を受けることがよくあります。一見、華やかに見える広報の仕事について、その実情にも迫っていきたいと思います。

広報とはいったいどんな仕事なのか、どんな人が向いているのか。そして、どのように企業活動に貢献していけるのか。

私の13年の経験から、広報という仕事について詳しく紐解いていきます。

本書がみなさまの広報活動において少しでもお役に立てば、筆者としてこれほど嬉しいことはありません。

2016年1月

サイバーエージェント　上村　嗣美

成長をかけ算にする
サイバーエージェント　広報の仕事術◉目次

はじめに――小さな工夫で大きな成果を生み出す広報の秘訣！

## 第1章　決して「キラキラ」ではない広報の仕事

●広報の目的は会社のファンを増やすこと　12
●共感なくして相手には絶対に伝わらない　16
●広報は会社と経営者の代弁者　20
●3つの基本スキル「読み書き」「聞く話す」「編集力」　24
●優れた人間性と折れないタフさが必要　31
●広報に必要な「スピード」「正確さ」「誠実さ」　35
●広報の仕事は「1＋1」ではなく「1×∞」　39

## 第2章 社員数30人から3000人へ　成長する広報の現場


●広報で社員が誇れる会社にしたい　44
●ネットバブル崩壊後、攻めの広報に転じるきっかけとなった一冊の本　47
●目指すは「Ameba」の露出人数、10億人！　51
●スペシャル感のある「リアル」でブランディング　56
●攻めの広報と守りの広報、大事なのは攻守の見極め　61
●社員数30人のときの広報活動　65
●社員数３００人規模の広報の現場づくり　67
●社員数３０００人を超えた広報の現場づくり　71
●規模が大きくなると、広報体制や情報収集にも工夫が求められる　76
●「見られる社内報」で企業文化をつくる　78

## 第3章 広報は社長にモノ言う仕事


● スタートアップ企業は経営者が広報の武器となる　84
● 会社のファンをつくる経営者ブログ　88
● 広報にメリットを見出せない経営者の方へ　93
● 経営者こそが最強の広報パーソン　98
● 会社の目指す方向を定めて戦略的広報を実践　103
● 社員全員が広報の意識を持つことから始めよう！　107
● 採用にも広報のチカラを注力できる　111


## 第4章 「時流」と「社流」をつなぐ広報の仕事術


● メディアに取り上げられるポイントは「時流」と「社流」のマッチング　116
● 社会と会社の「コミュニケーション・ハブ」になる　121
● いざ取材を受けることになったら　～取材を成功させるコミュニケーション～　126

●他社や記者から学ぶことも多い　132
●広報のソーシャルメディア活用術　137
●「社流」広報のススメ　～広報成功の秘訣は社内取材にあり！～　141
●ネタがないと嘆く前に、なければつくればいい！　145
●Ｗｅｂメディアでの露出を重視する　149
●署名チェックは欠かさずに　152
●メディアリレーションズを円滑に進める「10のマイルール」　156
●「何かない？」そう聞かれる広報を目指そう　163
●情熱を持った広報が人の心を動かす　167
●広報ネットワークでインプットを増やしていこう　171

## 第5章　広報女性が社会を変える！

●女性が活躍しやすい広報という仕事　176
●広報のチカラで女性の活躍を促進　180
●女性が長く働ける環境づくり　～制度設計から関わった「macalonパッケージ」～　185

●育児と仕事を両立する、広報の段取り術　190
●相手に寄り添う、広報の身だしなみ　195
●企業の広報担当者に必要なのは愛そのもの　199
●愛とともに広報に必要なものは客観性　203
●広報の仕事は、24時間３６５日休みなし！　207
おわりに──広報は強く、正しく、美しく　211

企画・編集・装丁／神原博之（K.EDIT）
本文ＤＴＰ／一企画

# 第1章

# 決して「キラキラ」ではない広報の仕事

# 広報の目的は会社のファンを増やすこと

「広報って、どんな仕事ですか？」

広報の志望者から、このような質問を受けることが多くあります。

約10年前、某ネット企業の女性広報の方が頻繁にメディアに登場したことで、広報という仕事が世の中にずいぶん認知されるようになりましたが、それでもなお、その中身はぼんやりとしたイメージなのかもしれません。

なんとなく、「華やか」「キラキラ」という印象をお持ちの方もいるでしょう。

メディアから取材を受ける、イベントや記者会見を開く、プレスリリースとして会社のニュースを出す……。たしかにどれも、広報の仕事内容です。これだけ聞くと、まさにキラキラした仕事という印象を持つかもしれません。

では、そもそも広報をする目的とは何でしょうか？

私が考える広報の仕事の目的とは、会社や商品のファンを増やす仕事だということです。

**・数ある競合商品のなかから、自社の商品を選んでもらう**
**・数ある会社のなかから、「この会社に入社したい」と就職活動中の学生に思ってもらう**
**・数ある株式銘柄のなかから、自社の株式を保有してもらい、さらに長期保有して会社を応援してもらう**
**・会社で働く社員やその家族に、誇りに思ってもらえるような会社にする**

広報の目的は、社会に存在する生活者たちに、いかに会社のファンになってもらうか、そして、そのファンをどれだけ増やせるかということなのだと考えています。

ところが、多くの人が「広報」と「広告」をごちゃ混ぜにしてしまっているように感じます。

広報と広告には大きな違いがあります。

広告は、お金をかけてテレビCMやWeb、雑誌、新聞などの広告枠に、企業が伝えたいことを伝える広報手段のひとつです。

一方、広報はコミュニケーションによって、企業のことについて第三者を介して伝え、評判を形成するものです。

広報は英語でPR（Public Relations）。まさに社会との関係づくりを意味しています。

つまり、宣伝活動において、広告がクリエイティブによって人の心を動かすのだとすれば、**広報はコミュニケーションよってファンを獲得していく仕事**だということなのです。

では、そのために何をしなければいけないでしょうか？

当然、よく知らない会社や商品を好きになることはないので、認知させていかなければなりません。とはいえ、認知度を上げるために、社長のセレブな生活をバラエティ番組で公開してみる……、なんてことは普通しないですよね。

「社名は知っているけど、なんとなくいいイメージはないよね」

「聞いたことはあるけど、そもそも何の会社？」

このような認知度では、ファンにはなってもらえません。

当然のように会社の認知度を上げなければいけないけれども、ただ「知ってもらう」だけではなく、消費者や取引先、株主や社員、その家族といった受け手の共感や好意を得られるような情報を発信することこそが、広報が行うべきファンづくりの第一歩なのです。

そして、そういったコミュニケーションのためには、受け手が何を考えているのか、という情報収集も欠かせません。

ひと昔前は、直接コミュニケーションをとることが難しかった消費者の声も、いままではソーシャルメディアなどで集めることができるようになりました。

では、会社のファンが増えると、どういったメリットが浮かび上がってくるのでしょうか。


**「顧客がどんどん増えていき、売上が伸びてきた」**

**「優秀な人を採用できるようになった」**

**「社員の働くモチベーションが高くなってきた」**


このような経営課題の解決に一歩近づくことができるのです。

そう考えれば、広報の仕事は会社の記事を世の中に出すのが目的ではなく、会社を理解してもらい、会社のファンを増やすことであるという意味を理解していただけたのではないでしょうか。

自社のホームページやソーシャルメディアを使って情報発信をするのも、プレスリリースを出して広く会社のニュースを発信するのも、マスメディアに自社の記事を載せてもらえるよう働きかけるのも、すべては目的のための手段に過ぎないということです。

# 共感なくして相手には絶対に伝わらない

人が何かのファンになるとき、どんな理由が必要になるでしょうか？ たとえば、好きな芸能人、あるいは大好きなレストランなどを例に考えてみると、わかりやすいかもしれません。

芸能人であれば「背が高くてカッコイイ」「演技がうまい」など、レストランであれば「料理が美味しい」「お店の雰囲気がいい」、そういった理由もたしかにあると思います。

ですが、人が何かのファンになる一番大きな原動力は「共感」なのではないか、と私は考えています。

自分の好きなアーティストの楽曲や歌詞に共感する、あるいは女優さんのファッションやメイク、たまに出演するバラエティ番組での発言やしぐさに共感する。さらには「自分も彼女（彼）のようになりたい」と憧れるといった感情も一種の共感でしょう。

一方、いくら認知度が高くても〝アンチ〟ばかりが多くてファンが少ない、という人もいますよね。芸能人の場合は、それを戦略的に行っている場合もありますが……。

とはいえ、広報の仕事は会社のファンづくりですから、「アンチ戦略」は通用しません。

もちろん、存在自体を認知されなければファンになってもらえませんが、**いくら頑張って露出を図り、認知が高まったとしても「共感」が得られなければ意味がない**のです。

しかも、露出が増えたとしても、きちんと伝えたいメッセージを明確化しないと、企業イメージがひとり歩きしてしまい、自分たちの意図せぬブランディングになってしまう可能性も否めません。

それは、サイバーエージェントでも例外ではありませんでした。

サイバーエージェントも設立当初は若者集団、しかもインターネット広告営業が最初の事業内容だったこともあり、ずっと「イケイケな若者が営業している会社」というイメージを持たれていました。

しかし、「Ameba」が立ち上がり、Ｗｅｂサービスなどのメディア事業が拡大するにつれ、そのイメージのままだと力のあるエンジニアが採用できない、という問題が発生したのです。そうなれば、今度は広報戦略を変えていくしかありません。

それ以後、会社の至上命題として技術力の強化を優先課題として掲げ、エンジニアの採用を積極的に進めていきました。

エンジニアといっても、サイバーエージェントでは単に設計されたものを開発するだけでなく、サービスの企画から関わるクリエイティブな仕事であり、技術選定からエンジニア自身が手がけることができ、常にチャレンジ可能な環境であることなどを、広報活動を通じて段階的に志望者などに向けて伝えていきました。

そこに共感した優秀なエンジニアが、少しずつサイバーエージェントに入社してくれるようになり、いまでは彼らが多くのサービスを生み出し、それが業績に結びついていったのです。


また、サイバーエージェントにはユニークな人事制度が多くあります。

社内の取り組みとはいえ、そのことも積極的に広報しています。

たとえば、2年に一度、8人いる取締役のうち原則2人を交代する「CA8」という人事制度があります。

さらに、新規事業や課題解決案など、サイバーエージェントの未来（あした）を考える合宿「あした会議」、事業を利益規模で10段階に分け、昇格や撤退基準を明確にすることで事業を拡大させる「CAJJプログラム」などといった仕組みもあります。

こういった制度や仕組みを積極的に広報することで、インターネット業界を取り巻く環境の変化に対応しながら新規事業を創出して事業拡大を行っていること、また経営に携わるチャンスを開放して社内に経営人材を育てる独自の人事制度やチャレンジングな企業風土を伝え、それに共感したサイバーエージェントのファンを増やしています。

それが結果的に、入社希望者や、株式を購入してくださる方を増やしているように思います。

このように会社への共感を得るためには、**「どういう会社なのか」「どういう商品なのか」という、企業ビジョンや企業文化、さらには商品コンセプトなどを明確に伝えなければいけません。**

むしろ、そこがしっかりと固まっていないと、「話題になればいいや」「面白ければいいや」「メディアに取り上げられればいいや」という一貫性のない広報活動しかできず、結果として、その場の話題だけで共感を得られなくなってしまうのではないでしょうか。

「共感なくして、伝わらない！」

会社を取り巻く環境や人々は多様だからこそ、企業や商品のコンセプトに沿いながらも、自社独自の「共感ポイント」を探しながら広報していくことが必要なのです。

# 広報は会社と経営者の代弁者

広報は会社や商品のファンを増やす仕事と述べましたが、それは会社の経営環境を良くすることにもつながっていきます。

サイバーエージェントでは、広報部門は立ち上げ当初から長い間、社長直轄の部署として設置され、経営陣の広報への理解も深く、全社的にも広報に力を入れています。

これも広報と経営が直結することを、社長の藤田晋がしっかり理解しているからにほかなりません。つまり会社において、もっとも重要な広報パーソンは経営トップである社長だということです。

大きな記者会見では社長が登場し、将来の戦略を語ったり、逆に不祥事のお詫びをしたりする姿はテレビでもよく見かけるものです。

経済誌を開けば、トップインタビューとして記事が掲載されています。

立ち上がったばかりのスタートアップ企業はまだ会社の規模も小さく、広報の専任もいないため、社長が自ら広報活動を行っているという場合も多いと思います。設立当初のサイバーエージェントも、そうでした。

とはいえ、会社の規模が大きくなれば、すべての取材に社長が対応するわけにもいかないですし、そもそも社長には何を企業から発信するか、という広報戦略を考えること以外にもやるべきことがたくさんあるはずです。

そのため、会社の成長に伴って、広報という部署を初めて設置する、そんな会社も多いかもしれません。

そこで広報担当者として重要なのは、**会社や経営者の代弁者になること**です。

取材を依頼されたときに、その取材対象者とメディアとの単なる伝達役になる――。それでは広報としてはまだまだ不十分です。広報担当者は会社のことを語れる（しかも、会社のファンになってもらえるように魅力的に語れる）ようにならなければいけないのです。

さらに注意しなければいけないのは、たとえ会社を魅力的に語れたとしても、その内容が経営者の考えと相反するものであれば、まったく意味がないということです。

「広報担当はこう話していたのに、実際に社長に取材したら違うことを言っていたぞ……」となってしまうと、話を聞いたメディアの方たちは、その広報担当者に対し不信感を抱くでしょう。この広報担当者の話を聞く価値はない、そう思われてしまう可能性があるのです。

何より、会社の戦略や現状と相反する情報がメディアに出てしまって困るのは、会社そのものです。そうであれば、取材なんて受けないほうがよかったのではないか、そんな声が上がりかねません。

だからこそ、広報担当者には、会社や経営の戦略や方針をきちんと理解し、それを正しく発信できる力が求められるのです。

そのために、次に挙げる点について、広報担当者は経営者と密にコミュニケーションを図る必要があるのです。

- **いま、注力している事業は何なのか**
- **課題と思っているテーマは何なのか**
- **会社の企業文化や強みはどんなところにあるのか**

サイバーエージェントでは広報部門が役員直轄の部署になっていますが、通常、会社全体の広報戦略について、社長など役員と定期的にミーティングをするということはありません。その代わりに、役員会で話し合われた内容を役員から直接フィードバックしてもらいます。

また、社長に対し取材の合間や移動時間などに気になることを確認したり、広報担当者自身が考えている広報戦略について会社の経営とズレがないかを常に確認しています。

さらに、自分がどれだけ経営者の方針を理解できているのかを確認するため、私は**取材やイベントなどで経営者が語っている言葉やキーワード、フレーズをメモします**。

そしていざ、自分がそれを語るときにも、経営者と同じ言葉を使うように意識しています。それは、会社の公式文書を書くときも同様です。

また、サイバーエージェントでは、社長をはじめとする経営者や事業部幹部などがブログや「755（サイバーエージェントが運営するトークアプリ）」、またソーシャルメディアなどで頻繁に情報発信しています。

私たち広報はこれらをいつもチェックして、いま経営者が何を重視しているのか、何を課題視しているのかを知ることはもちろん、書評が紹介されればその本を読んだり、社長が接している情報源、たとえば雑誌や有名人のソーシャルメディアや、親しくしている経営者の著書なども見るようにしています。

そうすることで得た情報から、経営者の思考回路が理解できるようになるからです。

経営者自らブログまで書いている例は少ないかもしれませんが、会社と経営者の代弁者となる意味で、周辺情報を広報担当者自身も把握するということは、誰でもすぐに取り入れられるのではないでしょうか。

# 3つの基本スキル「読み書き」「聞く話す」「編集力」

広報の目的はお金を使った宣伝活動とは異なり、コミュニケーションによってメディア露出を図り、企業や商品についての理解を促すことでファンを増やしていくことです。

そんな広報担当者の基本スキルとなるのはコミュニケーション力です。

具体的に言えば、**「読み書き」「聞く話す」、そして「編集力」という3つの基礎力**です。

広報の仕事は、会社のなかにあるたくさんの情報から何を選択し、世の中に受け入れられるように編集し、どのように発信していくかということです。

届ける情報の「質」や「価値」によって、メディアに取り上げられたり、大きな反響が得られたりします。

もちろん、その反対もしかり。思いもしない記事になってしまった、ネガティブに捉えられてしまった、というのはコミュニケーション不足から生まれるものです。

ではここで、3つの基礎力について詳しく述べていきたいと思います。

## ❯❯「読み書き」

広報担当者は文章を書く機会がとても多いものです。

プレスリリースやコーポレートサイト、社内報にあいさつ文、ソーシャルメディアやオウンドメディアなど……。

そこで、相手にきちんと伝わることはもちろん、会社の魅力が伝わるようにしなければいけません。

メディアの記者や編集者のもとに大量に届くプレスリリースですが、残念ながら大半はきちんと読まれずに廃棄されてしまうと考えておいたほうがよいでしょう。

となると、ぱっと見て一瞬で「魅力的に伝える」ことができるかの勝負になります。プレスリリースで言えば、見出しと一段落目が勝負になります。プレスリリースを読んでもよく意味がわからない文章は、はなから相手にされません。

そこで私が気をつけている点は以下の3つです。

- **専門用語は使いすぎない**
- **見出しでニュース性や明確なメッセージを表現する**

## ・プレスリリースであれば、実際にどのような記事になったのかをチェックし、その後の文章を書くときに活かす

また、文章を書くうえで、インプットは欠かせません。

メディアから日々発信される情報、記事などから、いまの時流や、最近は何に注目が集まっているのかを把握するには「読む」力が必要不可欠です。

ある時期、会社のプレスリリースをほぼ私がひとりで書いていたときがあります。それこそ、年間100本近くのプレスリリースを書いていました。

いまは校正・校閲をすることがメインですが、サイバーエージェントでは公式なものだけでも年間150本ほどのプレスリリースを出しており、また特定のメディア向けに売り込むPR文書も含めればその数は倍以上になります。

つまり、毎日、5~10本ほど何かしらの原稿やリリースをチェックしているような状態です。そこまでたくさんの文章に触れていると、自ずと文章の読み書きスキルも磨かれていきます。

まずは、多くの文章に触れることから意識づけしてみてください。

## ≫「聞く話す」

社内で広報のネタ探しをしていると、現場の社員たちはなんとも思っていないような情報であっても、私たち広報にとっては「宝の情報」だったりすることがよくあります。

情報というのは、待っていても向こうからやってくるものではありません。やはり、こちらから情報を積極的に取りにいかなければなりません。

そこで、いろいろな角度から質問を投げかけることで社員からネタの素材を引き出したり、あるいはどんな内容だったら記事に取り上げたくなるのかを記者から聞き出しておく、という日ごろの努力が欠かせません。そのためには**質問力や雑談力、すなわち「聞く力」が必要**です。

どんなに良い情報を持っていたとしても、広報の説明がわかりづらければ、あっという間に記者の興味を失ってしまう可能性もあります。

また、話し方ひとつで印象も変わるものです。

広報が自信を持っていなかったり、あまりに謙虚すぎたりすると、会社や商品自体も魅力がないように受け取られかねません。そのため、あいまいな表現も使わないようにしています。

以前、話すこと、説明することが苦手という人のなかに「相手に興味を持ってもらおうとして一気にすべてを説明しようとするばかりに、結局何が伝えたいのか、わからなくなってしまう」と言っている人がいました。

そういう場合は、**まず興味を持ってもらえそうな大事なことだけを伝えて、後は相手のほうから質問してもらうスタイルが有効**です。

話す機会さえ増やすことができれば、あとは慣れの問題だからです。

## 「編集力」

情報を相手に理解させ、価値あるものに仕立てるのが編集力です。

情報を単にアウトプットするだけでは、必ずしもニュース性があるわけではないので、たくさんある情報をどう組み合わせて、ストーリーを組み立てるのかが広報としても重要なスキルになってきます。

たとえば、「世の中の流れに合わせて、会社の事業をこう打ち出そう」というような命題があったとします。

そのときに、「こういったメッセージを発信すれば世の中の人に刺さるのではないか」という、まさに時流と社流を結びつけるために必要な力が編集力なのです。

この編集力、ひと言で言うのはかんたんですが、実はとても難しいもの……。

当然ながら、時流や届けたい相手を考えて、どういう伝え方をすれば興味を引くことができるのかを考えます。

広報はメディアではなく、あくまで企業の情報発信者なので、**メディアが取り上げたくなる、メディアが企画を考えやすくなる、画づくりが思い浮かびそうなストーリーを描くこと**を意識します。

たとえば、動画広告商品の販売を強化しているという背景のもと、サイバーエージェントでは動画広告の活況を伝えるために、インターネットユーザー3万人を対象にした調査を行ったことがあります。

具体的には、年代別に動画メディアの閲覧状況を調べました。すると、10代はテレビの接触率とスマートフォン動画の接触率が拮抗しているという調査結果が得られ、それに基づいて若い層を中心にオンライン動画への移行が進んでいることを情報発信し、多くのメディアに取り上げられました。

ここで気をつけなければいけないことは、**企業や商品から発信するメッセージに一貫性を持たせること**です。

「前に出した情報と一貫性がない」ということになると、結局伝えたい情報やブランディングも行き当たりばったりになってしまうからです。

また、ストーリーを考えるうえで、ひとりではなく複数の者が頭をつき合わせて考えるというのもひとつの手法です。

異なる意見を持った人間が集まり、いろいろブレスト（ブレーンストーミング）をすることで、名案が思い浮かぶことも多くあるからです。

ストーリーづくりには、ポジティブな面だけでなく、ネガティブに見るとどうか、ということも合わせて考える必要がありますが、ひとりだけだと「これはいいかも！」と思い込みがちな案も、いろいろな意見が出ることで、よりブラッシュアップされます。

こういうことを繰り返し、それに結果の検証をすることで、少しずつ編集力も磨かれてくるようになっていくはずです。


いかがでしょうか？

広報にとって大事な基礎力でありながら、一朝一夕では身につかないのが、これらの力だと言えます。

もちろん、誰でも最初はうまくいかないかもしれませんが、とにかく数や量をたくさんこなすことで、質に転化してくるものだと思います。

# 優れた人間性と折れないタフさが必要

「広報に向いている人ってどんな人だろう？」

そんなことを考えることがあります。

ですが、まわりの広報担当者を見ていても、タイプはさまざま。そのなかでも、とにかく突破力が高い人、ユニークな企画を考えるのが得意な人、文章を書くのが上手な人、自らが商品のイメージキャラクター的な存在になって活動している人……、前に述べたコミュニケーションの基礎力を押さえつつも、独自の強みを持っている人が多い気がします。

私自身のことを言えば、正直、どこかが突出して優れているというより、バランス型でしょうか。あとは、スピードを意識しているくらいです。

また、いま仕事をするうえで役立っているな、と思うのが秘書経験です。

私は広報になる前に社長秘書を4年半していましたが、そのときは経営者からの言葉が少ない場合でも「トップは何を考えているのか」「何を意図しているか」ということを推測したり、理解するためにコミュニケーションの質を意識して仕事をしていました。

また、業界が黎明期だったころから現在まで、急速に発展し続けているネット業界で15年以上同じ会社に在籍し、そのなかで広報歴13年というのは、キャリアとしては長いほうに入ると思います。その点では、他では学べないことも学べてきたのではないか、という自負があります（もちろん、他の業界の先輩方には、私が逆立ちしてもかなわないような経験をお持ちの方がたくさんいらっしゃいます）。

ビットバレー（東京・渋谷のインターネット関連のベンチャー企業が集中する周辺地域を指す呼称）の時代からｉモード、メールマガジン全盛期、ライブドアショック……、あまりにいろいろなことを見てきているので、過去から現在にいたる業界レクチャーを求められることもあるほどです。

このように、広報担当者にはそれぞれ強みや武器を持っていることで、向き不向きがあるのかもしれません。

ですが、何よりも**自身の強みを磨く以前に必要となるのが「人間性」と「精神的にタフであること」**だと私は思っています。

「人間性」と自分で言うのは少々おこがましいですが、やはり必要なのは人として「信頼できること」です。

おそらく広報に限らず、あらゆるビジネスシーンにおいて信頼や信用力というのは、もっとも大事な要素のひとつではないでしょうか。

世の中にニュースを届けるメディアや記者にとって、あってはいけない、したくないことは「誤報」です。

もしも広報担当者が、自分がわからなかったり面倒を避けたいばかりに、いい加減なことを言ったり、ごまかしたり、嘘をついて、それが誤報につながったりしたら……。

このようなことは決してあってはいけないことです。

社会ときちんとコミュニケーションをとるためにも、倫理観や誠実さを持っていることは広報担当者にとって最低条件だということです。

また、会社というのはいつでも良いときばかりでなく、悪いときもあり、アップダウンがあるのが普通です。

業績が悪化することも、市場の環境が冷え込むこともあります。それこそ、思わぬ事故や不祥事、偽装問題などが連日報道されるニュースを見ていると、自分の会社でも想定外のことが起こることも頭に入れておかなければなりません。

テレビなどで放送されるお詫び記者会見などでは、社長や責任者などが頭を下げる場面を目にしますが、もちろん広報担当もメディアから厳しい質問を受けたり、ソーシャルメディア上での批判にさらされることもあります。

そのようなときに、いちいち心が折れていたら広報の仕事は到底務まりません。そんなときは心をタフにして、そして謙虚かつ真摯に対応するしかないのです。

私もこれまでいくつものトラブル対応をしてきましたが、人間一度ものすごく大変なことを経験すると腹が据わって、それからは大抵のことではうろたえたり心が折れたりしなくなるものなのだと実感しました。

その渦中は辛いかもしれませんが、その一回の経験が心をタフにするものです。それを肝に銘じておけば、「攻め」だけでなく「守り」に徹しなければいけない事態も乗り越えられるはずです。

# 広報に必要な「スピード」「正確さ」「誠実さ」

広報にとって、「読み書き」「聞く話す」「編集力」が必要なスキルだとするならば、心がけるべき姿勢やスタンスとは何でしょうか。

私が広報担当者になってずっと大事にしているのは**「スピード」「正確さ」「誠実さ」**の3つです。

特に、「広報というものはこういうものだ」と教えてくれる先輩が身近にいなかった私にとって、対面するマスコミの人や記者の立場に立ったときにどういう広報担当だったら助かるだろうと想像したときに、行き着いた答えがこれでした。

まずはスピードです。メールやチャットなどであまりにすぐ返信するため、「メールを開封して3秒後には返信していますよね？」と記者の方に言われたことがあります。

それは極端なたとえにしても、記者から何か依頼や問い合わせがあった際は、最優先で返信や回答をするようにしています。

というのも、取材依頼をしたメディアでは、企画とそれを掲載・放送する日、そして、その中身を制作するスケジュール、締切りがあるからです。

となると、取材依頼をあったときに受けるにしても断わるにしても、その答えが1秒でも早くわかったほうが依頼側は助かりますよね。

もし、取材を受けるのであれば、メディアは取材先を確定して企画を詰めることができますし、断わるのであればメディアは他の取材先を探さなければいけません。

そのため、私はできるだけ早くに返事をするようにしていますが、**確認に時間がかかったり、スケジュール調整に時間がかかる際は、「いつごろに返事ができそうか」、その温度感をすぐにお伝えするようにしています。**基本的に返信を一日以上寝かせません。

また、プレスリリースを出した際の問い合わせや、取材後の追加質問や事実確認があった際も同様です。

基本的に電話で問い合わせがあった際は、その場で完結できるようにしておくのです。たとえば、何かを確認して折り返しにするにしても10分以内、遅くとも1時間以内には改めて連絡ができるようにします。

これは、会社のあらゆる情報が頭に入っていたり、もしそうでなかったとしても情報をすぐに取り出せる場所に格納していたり、誰に何を聞けばすぐにわかるのかを把握して、しかもその人とすぐコンタクトを取れる連絡手段を確保しておかなければ、かんたんにはできない対応です。

とはいえ、たとえスピーディに対応できたとしても、その内容が間違っていたら、当然ダメなわけです。

報道機関として届ける情報の正確さに責任を負っているメディアだからこそ、問い合わせを受けた広報としても提供する情報に間違いは許されないのです。

ここで「正確さ」が求められてきます。

人間、誰しもミスはあるものなので、プレスリリースに間違いがないか、**社内の複数以上の者の目でダブルチェック、ときにはトリプルチェックをするようにしています。**

そして、最後が「誠実さ」です。

当然ながら、誰しも会社を良く見せたいという気持ちは働くでしょうし、会社に何か不手際や不祥事があったときに矢面に立つのは嫌なものです。

でも、それが広報の仕事であるならば、やはりそこで求められるのは、嘘をつかない、真摯に向き合う「誠実さ」なのだと思います。

**ごまかしたり、保身に走る姿勢は、さらなる疑念を招いてしまいます。**

とある企業の不祥事を取材していた記者の方が、「記者会見に行っても広報担当者の数は多いのだけれども、誰に聞いても『わかりません』ばかりなんだよ」とぼやかれていたことがありました。

事実、そのときにわかっていた情報が限られていたのかもしれませんが、きちんと会社として、そして広報担当者として誠実に向き合おうとする姿勢は伝わるものです。

どういう理由でいまはわからないのか、調査をしているにしてもどういう状況なのか、ということを伝えるだけでも、きっと心象は変わっていたのではないでしょうか。

会社とメディアの関係と言っても、つまるところ人と人、個人対個人です。

以前、ある広報担当者から「ネガティブな記事を書いた記者の方と会うべきかどうか」という相談を受けたことがありました。

そのとき、「私なら堂々と会います。相手にとってそれは報道すべき事実があったから書いただけで、会社が嫌いとかとは別問題なのだから。もしネガティブなイメージを持っていたとしたら、むしろきちんと理解してもらう良い機会なのでは?」と答えました。

結果として、その広報担当者は記者の方と会って、一方的に抱いていた不安感も払拭できたようでした。

お互いにどんな立場であれ、相手を信用できなければ良い関係を築けないのは当然です。

「スピード」「正確さ」「誠実さ」の3つの積み重ねこそ、広報に必要な姿勢であり、相手との信頼関係をうまく築くために不可欠なことなのです。

# 広報の仕事は「1＋1」ではなく「1×∞《無限大》」

広報の活動は、単に会社のイメージ向上、ブランド向上を図るだけではありません。すでに述べたとおり、自社の商品やサービスの認知度を高め、商品やサービス自体のファンを増やす活動が重要になってきます。

サイバーエージェントでもサービス広報として、ブログサービス「Ameba」や映像配信プラットフォーム「AmebaFRESH!」をはじめとする、さまざまなインターネットサービスの広報活動をしています。

広報はいわゆる広告や販促とは異なり、コストをかけてサービスの利用を促したり、会員登録してもらうのではなく、メディアとのコミュニケーションから記事露出を図ったり、ソーシャルメディアでの発信などによって、サービスに興味を持ってもらい、サービスの利用につなげることが目的となります。

私が商品やサービスの広報活動をしているなかで感じていることは、**広報によって事業が「1＋《たす》1」ではなく「1×《かける》∞（無限大）」になる可能性がある**ということです。

以前、あるテレビの情報番組で「Ameba」のサービスがどのように開発されているのかについて、事業部への潜入取材のもと、紹介されたことがありました。

実際に事業部で働いている人たちの会議の様子や、どのようにサービスのアイディアを考えているのか、また、どんなサービスでどういった楽しみ方をユーザーがしているのか、ということを取り上げていただいたところ、放送直後から翌日にかけて、サービスの新規会員登録数が急増したのです。その数はなんと、通常時の10倍です。

会社のブランディングを図る企業広報では、メディアに露出することでコーポレートサイトへのアクセス数が急増したり、Twitterなどで会社について語られることが急増することはよくあります。

サービス広報であれば、これが商品の購入やサービスの利用など事業に直結してきます。まさに、広報活動は**「1+1」の積み上げだけでなく、ターゲットにマッチしたメディアや拡散力のあるメディアで効果的な露出ができれば「1×∞」になる**ということを実感した瞬間でした。

このように、広報は事業を「かけ算」で伸ばし、会社をスピーディに成長させることができ得る仕事なのです。

かけ算の値を最大化できるようにするためには、何よりも関係する各部署との連携が欠かせません。

たとえば事業部と連携し、サービスの開始や新機能の追加といったスケジュールからプレスリリースの日程やイベント・記者会見の開催など戦略的に広報計画を考えたり、宣伝や販促といった部署と連携してCM実施時期やマーケティング強化時期などコストをかけた露出が急増する時期に合わせて広報活動を行う、といった具合です。

**広報部門だけで独自の広報活動を行うよりも、社内の各部署と連携して適切なタイミングで広報活動を行うことで、広報の効果を最大化できるのです。**

また、人気商品によくある事例として、ある記事をきっかけに店頭から商品が消えてしまう、という現象を目にすることがあります。

予算（お金）をかけ、CMなどを実施する宣伝活動では、宣伝をすることでどれくらい商品が売れるか、ある程度はそれまでの経験則で売上予測を立てたうえで生産計画を立てています。

それなのに、生産計画が追いつかないほどになるというのは、まさに広報の予測がつかないところで、かけ算の数値が無限大になる、という証明になるのではないでしょうか。

そしていま、「1×∞」を後押しするのが、ソーシャルメディアです。

テレビ番組の放送内容についてTwitterで語られ、Ｗｅｂの記事は話題になると、あっという間にFacebookやTwitterなどを通じて拡散していきます。

また、Ｗｅｂの記事がソーシャルメディア上で拡散すると、それがまたニュースアプリ（ニュースまとめサイト）に取り上げられたり、近年急速に広まっているキュレーションサイト（インターネット上のニュースなどの情報を収集してまとめたサイト）で、さらに拡散するという構造になっています。

こうなれば、かけ算の値も無限大になってきます。

**「広報のチカラ」で、事業、そして会社の成長をかけ算に。**

これが、広報の仕事の醍醐味のひとつです。

# 第2章

# 社員数30人から3000人へ成長する広報の現場

# 広報で社員が誇れる会社にしたい

私が就職活動の末、入社を決めたとき、サイバーエージェントはまだ知名度もないベンチャー企業でした。

そのとき、社員はたったの30人——。

東証マザーズ市場自体も開設されておらず、もちろん上場すら決まっていないときでした。

そんなサイバーエージェントに入社を決めたのは、社長や社員がみな20代半ばと非常に若く、「会社を成長させるんだ！　新しい市場を開拓するんだ！」という情熱に満ちあふれて仕事をしているのが伝わってきたからです。

そのような環境であれば、私も早くに責任ある仕事ができ、成長できるのではないかと思ったものです。

そして、社員や同期入社になる人たちが「一緒に働きたい」と思える人たちだったことも入社を決めた理由のひとつでした。

私が大学を卒業して正式にサイバーエージェントに入社する前、内定者としてアルバイトをしていたときに、いわゆるネットバブルが到来しました。

その波に乗って、会社も注目を浴びるようになり、東証マザーズ市場の開設により、上場までとんとん拍子で決まっていきました。

そうしたなか、もっと会社のことを世の中の人たちに知ってもらえる仕事ができないか、そう思ったのが広報に興味を抱いたきっかけです。

当時、サイバーエージェントは海のものとも山のものともわからないベンチャー企業でしたが、そこで働くことを決めた以上、その自分の決断を正解にしていきたいという気持ちもありました。


そうして広報業務に携わるようになり、まず自分自身で決意したことは**「広報のチカラで社員が誇りに思えるような会社にしたい」**ということです。

いまでこそ東証一部上場、社員数３５００人という規模になりましたが、まだまだ産業も会社も十数年の歴史です。

少し前まで、新卒・中途問わず、入社する社員の親世代のほとんどはインターネット企業がどんなものかもわからず、怪しい新興企業なのではないかと思う方もいたようです。

自分の子どもが勤めるのなら、得体の知れない会社より、名前を知っている大企業のほうが良いと思うのは親心として自然なことでしょう。

親や周囲の友人、学校の先生など、サイバーエージェントの入社に賛成する人、反対する人、それぞれいたはずです。

でも、入社した人たちが、将来的に「良い会社で働くことができて良かったね」と言われるように少しでも広報が貢献できれば、これほど嬉しいことはありません。

「広報のチカラ」で、サイバーエージェントのことを伝えていきたい――。そう思ってのスタートでした。

## ネットバブル崩壊後、攻めの広報に転じるきっかけとなった一冊の本

サイバーエージェントが東証マザーズに上場したのは2000年、私がサイバーエージェントの新卒1期生として、内定を得たのは1999年でした。

いまや、「渋谷の会社」として定着したサイバーエージェントですが、当時はまだ上場も決まっておらず、渋谷にもオフィスを構えていませんでした。

ちょうど、そのころからネットバブルが到来し、渋谷周辺にネット企業が集まるようになり「ビットバレー」という言葉が生まれ、ネット関連株の株価が上がるなど、メディアでもその様子がさかんに取り上げられるようになりました。

この流れに乗ってサイバーエージェントも2000年3月に上場を果たします。

上場当時26歳という史上最年少の上場社長の登場にメディアも注目し、雑誌や新聞の取材が殺到、テレビ番組の密着取材なども多数ありました。

しかし、上場直後にネットバブルが崩壊。

サイバーエージェントの株価は上場時からみるみる間に下がっていきました。

そうなると一転して生まれるのはバッシング。

そして、その後に訪れたのは「スルー」される日々でした。

取材依頼もまったくなくなり、プレスリリースを出しても大きなニュースになることもない……。そんな時期が3年ほど続きました。

業績は赤字、市場は逆風――。

正直、広報として積極的に活動できる時期でもなく、守りに徹する、というより耐え忍ぶ、そんな時期だったように思います。


そんな風向きが変わってきたのが2004年のころです。

創業以来、ずっと先行投資を続けてきたサイバーエージェントが黒字化を果たしたタイミングと同じくして、インターネット業界に再び注目が集まるようになります。

インターネット企業の株価が上昇し、その高い株価を利用して大型の買収をしかける企業が出てきたり、ネット企業2社による日本プロ野球界への参入騒動が起きたのも2004年。にわかにネット業界がにぎわい、また取材を受ける機会が増えてきたころでした。

私自身も、それまで秘書と広報を兼務していたものの、そもそもメインで務めていたはずの秘書の仕事より広報の仕事のボリュームが大きくなっていきました。

上場から5年間も専任広報がいない状況だったサイバーエージェントも、きちんと専任の担当者をつくろうということで、私が初の広報専任担当者を務めることになったのです。

そんななか、発売が決まったのが、社長の藤田の著書です。

『渋谷ではたらく社長の告白』（幻冬舎）でした。

2005年、絶好のチャンスのなかで発売されたこの本は、ネットバブル崩壊後の逆風のもと、会社が買収されそうな危機に陥っていたという、社員ですら知らない内容が驚きを持って世間に受け止められました。

2000年の上場直後のネットバブル崩壊により、ひっそりと息を潜めていたサイバーエージェントですが、ここから「攻めの広報」に転じることになります。

この本をきっかけに、情報番組の社長密着、経済番組の特集、ニュース番組への社長出演、雑誌のインタビュー……。もう、毎日がめまぐるしく過ぎていき、いまでは当時の記憶があいまいなほどです。

本をきっかけにした取材が一巡すると、社長の知名度や注目度も上がっているため、また違うテーマでの取材依頼も増えてきます。

同業他社と並んで取材を受けたり比較されることも多くなりました。こうなると、メディアがメディアを呼ぶ状態になってきます。

たった一冊の本がきっかけとなり、攻めの広報に転じたサイバーエージェント。

そして、広報としての経験を短期間に、しかも大量に積むことができた私。

こういったことを通して、メディアがいま何を発信したいのか、どういう内容だったら面白いと思ってもらえるのか、ということを探る術を覚えたのです。

## 目指すは「Ameba」の露出人数、10億人！

守りの広報から一転、攻めの広報に転じたサイバーエージェント。

私たちは、社長の著書発売をきっかけに、会社の認知拡大とその戦略、他社との差別化を広報することからスタートしました。

その次に取り組んだのは、ブログサービス「Ameba」の認知拡大です。ネットユーザーから、「ブログと言えば『Ameba』だよね」と言ってもらえるような広報戦略を打ち出したのです。

というのも「Ameba」は2004年にスタートしたものの、日本で多数立ち上がったブログサービスのなかでも後発で、なおかつそのシステム基盤も脆弱だったためです。

ですが、この「Ameba」を将来の会社の柱となる事業に育てるという戦略のもと、広報にも力を入れ始めたのは2006年でした。

どのようなビジネスでも言えることですが、**後発の会社が先人に追いつき、追い越すためには、独自の広報戦略が必要**になってきます。

「Ameba」の広報強化をスタートした当初は月に2回、社長と広報メンバーで会議をして、「Ameba」の認知を上げるための取り組みを考えていきました。

それぞれメンバーが案を考えて提案し、その実現性や効果などから実施の有無が決定されるのです。定期的にアイディアを出す機会が設けられると、いわゆる「締切り効果」でみな頭をひねるようになるから不思議なもの。

「ブログの日」を制定し、それを機に「ブログと言えば『Ameba』」を広報したり、「Ameba」だけでなく他社のブログサービスを含めた芸能人ブログのなかから、その年に話題になったり人気になったブログを決定・表彰するイベント「Blog of the year」を開催したり、「ブロ（風呂）グ」にかけて、温泉旅館を期間限定でネーミングライツし、「アメブロ温泉」として宿泊部屋の一部を人気ブロガーとコラボレーションさせたり……。できることは何でも挑戦し、さまざまな取り組みを積極的に展開しました。

もちろん、サービス自体の新機能や人気ブロガーの紹介など、サービスそのものからの話題づくりも行っていましたが、それにも限界があるので、話題になりそうなことを広報として企画・実施し、その様子を取材してもらったのです。

そして、「Ameba」の広報に力を入れ始めて2年目には、「Ameba 10億人露出計画」という目標を掲げています。

これは、「Ameba」がメディアに露出した場合、その想定リーチ人数の積み上げを1年間で累計10億人にしよう！　というものです。

リーチ人数という、マスメディアでは算出が難しい指標を使ったのは、大きな定量目標を掲げて広報全員が頭をひねるようにするためと、これだけの目標にすれば、日本のネットユーザーのうち、おおよそ、ひとり当たり10回は「Ameba」という名前を何かしらで目にしたり耳にしたりする機会があるのではないか、という狙いからでした。

この目標自体、正確性よりも「10億人」という大きな規模でわかりやすい目標を定めたことが、広報メンバー全員のベクトルをひとつにしました。

また、「Ameba」の広報強化と機を同じくして、ブログサービスとしては後発だった「Ameba」がユーザーを増やすための作戦として、芸能人や有名人のブログ開設をリクルーティングする部隊も新設されました。

それにより、人気モデルや芸能人の方が、次々と「Ameba」でブログを開設してくれたのです。

こういった背景のもと、２００７年には原宿に「アメーバスタジオ」という公開動画スタジオをオープンし、芸能人ブロガーを招いて公開収録を行って、その動画を専用サイトやブログ上で配信する、ということも広報主導で開始しました。
原宿にスタジオを設置するという看板効果はもとより、この「アメーバスタジオ」から話題を生み出し、テレビやスポーツ紙などに取り上げてもらうことで、「Ameba」の認知はさらに高まったのです。

こういった施策は当然ながらコストもかかるので、「Ameba」を広めるための数年間限定で行われましたが、いかに「Ameba」ブランドをつくり、それを伝えていくかを広報が強く意識するようになる、ひとつのきっかけとなりました。

平面だった「Ameba」を立体にして会社エントランスに1メートル超の大きなフィギュアを置いたり、来客時にお出しする水のペットボトルのラベルをAmebaオリジナルデザインにしたり、ファッションブランドとコラボレーションした限定のAmebaグッズを制作したり……。

これらはインターネット上のサービスだからこそ、直接手に取って触れられるモノとして、企画・制作も広報で行いました。

このような広報戦略は社長の藤田を中心に、経営陣をうまく巻き込むことができたからこそ、実現できたことです。

「Ameba」の成長はもちろん、芸能人・有名人のリクルーティングに成功したこと、システムの増強と絶え間ないサービスの改善あってのことですが、その裏で、あらゆる手段で話題づくりを考え抜き、「Ameba」ブランドの認知拡大を図った、私たち広報の姿もあったのです。

## スペシャル感のある「リアル」でブランディング

サイバーエージェントは、インターネットに関連する事業を行う会社です。当然ながら、提供するサービスも、PCやスマートフォンなどのインターネット上のものです。

つまり、メーカーの商品のように、商品そのものを手に取って触ったりすることができないので、あえてリアルなものからブランドづくりをする、ということに取り組んできました。

たとえば、「Ameba」の認知拡大に広報の最優先ミッションとして取り組んでいたときにはグッズをつくりました。その大きな意図としては、ネット企業だからこそ、「リアル」にこだわったのです。

ひとつは、原宿の竹下口に２０１５年にオープンした「AmebaFRESH! Studio」です（左ページの写真）。

ここは、サイバーエージェントが運営する映像配信プロットフォーム「AmebaFRESH!」

◆キャラクター「アベマ君」をモチーフにした「AmebaFRESH! Studio」

（スタジオの外観）

（スタジオ内の様子）

で放送する動画を収録するためのスタジオなのですが、ＰＣやスマートフォンで見る動画を収録している様子を外から観覧することができるようになっています。

その外観や内装は、サイバーエージェントの現在のロゴをデザインし、総合クリエイティブ・ディレクターを務めるデザイナーのNIGO®（ニゴー）氏がクリエイティブ監修をしてくれました。

「Ameba」のキャラクターである「アベマ君」をモチーフにしたスタジオ外観や内装、ＪＲ原宿駅のホームからも見渡せる大きなデジタルサイネージなどが特徴となっており、看板効果も抜群です。

また、来客用に出している水のペットボトルをオリジナルデザインで制作しました。

これは、広報担当者の発案で２００８年につくったものが、いまは新デザインとなっています。

◆「Ameba」PR用のペットボトル

（通常タイプ）

（スペシャルレアタイプ）

ちなみに、このペットボトル、スペシャルレアなデザインのものがあるのです（上の写真）。

普通のタイプは通常の２５０mlペットボトルに「アベマ君」のイラストが入ったラベルを貼り付けていますが、スペシャルレアなタイプは、ペットボトルの形状自体が「Ameba」のキャラクターの形になっており、ボトルの色もグリーンになっています。

これはあまりに珍しいのと特別感があるので、手に入れた方が写真を撮影してＳＮＳなどで紹介してくれるほど！　ちなみに、「AmebaFRESH! Studio」の出演者にもこのスペシャルレアボトルをお渡ししているため、このボトル、有名人や芸能人のInstagram、ブログなどにも登場しています。

このようにグッズのデザインやクオリティ、オリジナリティがブランド形成にも活きてくると思い、「Ameba」の認知拡大をきっかけにグッズの制作に力を入れてきました。

これまでオリジナルデザインで制作したものは、ノートパソコンやデジタルカメラ、自転車のほか、食べ物では老舗のおせんべい屋さんに依頼して、オリジナルデザインの瓦せんべいもつくりました。

また最近では、ギンビス社とコラボレーションして「Ameba」キャラクターの「たべっ子どうぶつ」を制作しました（上の写真）。

これもパッケージデザインに載っている動物のイラストがオリジナルになっていて、手に入れた人がソーシャルメディアに投稿してくれるのでは、と期待しています。

◆ギンビス社とのコラボレーションにより制作した「Ameba」キャラクターの「たべっ子どうぶつ」

サイバーエージェントのオフィスには、キャラクターのソファや巨大フィギュアなどが置かれたフロアがありますが、これらはそのもののクオリティの高さはもちろん、「写真映えの良いもの」と「ソーシャルメディアに投稿したくなるもの」です。

言い換えれば、**すでにあるものにロゴだけを印刷する、といった安直なものはつくりません。**

すでに多くの企業がつくっていたり、世の中にあふれているようなものであれば、もしそれを手に取ってもらっても、写真にまで収めようとは思わないのではないでしょうか。

やはり、スペシャル感があるものだからこそ写真に撮りたくなるし、ソーシャルメディアに投稿したくなるはずです。

グッズやオフィスなど、リアルなものをつくることは、単にモノを手に取ったり目にしたりした人だけでなく、さらに幅広い人に知ってもらえるとともに、またオリジナルなことに果敢に挑戦している会社としてイメージがつくられるチャンスだと捉えています。

# 攻めの広報と守りの広報、大事なのは攻守の見極め

私が広報の仕事に携わるようになった２００３年ごろは、ちょうどネットバブルがはじけた後でした。

長引く株価の下落、先行投資が続き黒字化できない会社の状況。

そのようなことから会社を取り巻く環境は決して良いものではありませんでした。

取材は激減し、記事が出ていると思えばバッシング記事だったり、ネットの掲示板には会社の悪口が書かれている……。

そのため、その当時は、あまり積極的な広報活動もできず、むしろ攻めの広報をすればたちまち揚げ足を取られてしまうので、ひっそりと息を潜め、守りに徹しなければいけない時期でもありました。

その後の２００５年に私は広報専任になり、サイバーエージェントが攻めの広報に転じたのは前に述べたとおりですが、そこからずっと良い環境だったかと言えば、実はそうではありませんでした。

翌年の２００６年にはライブドアショックが起こり、ライブドアと同様に注目を浴びて

いたサイバーエージェントも「同じようなことをしているのでは？」と思われ、「ライブドアの次の標的か!?」といった報道をされることすらありました。

また、2008年に起こったリーマンショックでは、経済が大きく冷え込みました。

このように、いま振り返ってみても、会社を取り巻く環境や業界、市場が長期間ずっと良い状況であるということは滅多にありません。自分の会社で何か問題が起こらなくても、日本経済やネット業界に逆風が吹くことはよくあるものです。

このようなピンチをどうやってサイバーエージェントが乗り切ってきたか。

それは、**積極的に露出を増やす「攻めの広報」の期間と、自粛モードに入る「守りの広報」の期間をうまくつくってきたこと**がひとつです。

会社の広報というのは、いつでも攻めのモードで乗り切れるとは限りません。

事業への先行投資の時期だったり、業界全体に逆風が吹いていたりするときも、もちろんあるのです。

そんなときに積極的な広報に打って出れば、揚げ足を取られたり、悪い意味で注目を集めてしまい、マイナスに作用することもあります。

したがって、そのようなタイミングでは、露出を控え、粛々と自社のサービスを中心とした消費者向けの広報活動に集中することで次のチャンスをうかがうのです。

つまり、広報の仕事は、**攻めの広報と守りの広報という攻守（引き際）の見極めが重要になってくる**というわけです。

実際、２００６年にライブドアショックが起きた後は、サイバーエージェントの1年間の露出記事数も前年の４割減となりました。まさに、守りの広報の時期だったと言えます。

それでも、広報としてやるべき仕事はあります。

２００６年後半から２００７年にかけて、それまで中心だった企業広報や社長の露出は一気に減らしていき、私たちは「Ameba」の広報活動を強化する方針を決めました。

その代わり、新しいことにチャレンジするときや業績が良いときには積極的にメディアに露出するようにしています。

なぜなら、会社を判断する成績である売上や利益が高業績のときのほうが、広報するにしても説得力があるからです。

特に、業界や環境も常にアップダウンがあり、悪いときをやり過ごすには時間が過ぎるのを待つしかないというのが、まさに広報としての引き際だということをこれまで学んできたからです。

とは言っても、ライブドアショックのときに「次はサイバーエージェント!?」と報道されたような風評に対しては、毅然として対応しなければいけないのも事実です。

根拠のない噂を立てられると、被る被害が大きいのはもちろん、そういった空気感でシロなもの（正しいこと）でもクロと見られることがあるのが、風評の怖いところです。

**事実無根な報道に対しては会社としてきちんと否定したり、会社としての見解をきちんと示すことが必要**になります。

しかも、そういったときは社員も不安になるので、きちんと社員を安心させ、会社の見解を毅然と示し、時間が過ぎるのを待つしかありません。

そうやって引くときには、きちんと引いたうえで重要になるのが、次に攻めモードに転じる見極めです。

社会の空気感や社内の状況から判断するためにも、広報は報道やソーシャルメディアなどのネット上で会社がどう語られているかをきちんと把握することが必要不可欠なのです。

## 社員数30人のときの広報活動

私がサイバーエージェントで働き始めた1999年、社員数は30人程度でしたが、それがいまや3500人という規模になりました。

社員全員が何をしているのか、どこに行っているのかということを実感として把握できる規模から、いまではすれ違った人が社員なのかどうかさえもわからないくらいです。社内の人材や組織のことをかなり知っているはずの私ですらそうなのですから、ひとつの事業部で働く社員はなおさらでしょう。

そのような前提をもとに、私の経験値から言えば、社員全員のことがわかり、何を誰に聞けばよいのかを把握できるのは社員数が300人くらいまでの規模でしょう。

事実、サイバーエージェントでは、300人を超えた2002年に、「社員の顔を伝える」ことを目的に社内報を立ち上げました。

ステークホルダーも事業の幅も、社員数に比例して広がることがほとんどなので、社員の数が変われば、広報の活動も当然変わってきます。

社員数が30人のときのサイバーエージェントの広報は、完全に社長中心の活動でした。

このくらいの会社規模のときは、会社の顔と言えば経営者です。名もなき会社だからこそ、社長が語るビジョンや会社の将来性に価値があります。

メディアからの取材依頼も社長宛てのものがほとんどでしょうし、**会社のトップである社長がどんどん表に出ていかないと、なかなか取り上げてもらえない会社規模**ということもあります。

取り上げてくれるメディアも、トップがチャレンジャーであるスタートアップ企業には好意的なことがほとんどです。

「こんな社員はいませんか?」

「こんな事例はありませんか?」

こういったメディア側の要望にも、会社の規模が小さい場合には、単に人材や経験といった母数の問題で応えられないことも問題点として挙げられます。

しかし、その一方でメリットもあります。

小さい規模であれば、現場の情報も社長が一番理解しているということが多いものですし、広報担当としても、ランチの時間やミーティングの合間などを使って社内の情報収集もきめ細かくやりやすい人数だと言えます。

## 社員数300人規模の広報の現場づくり

サイバーエージェントでは設立して5年経ったころ、300人規模になりました。

いま当時を振り返ってみると、もうここまで来たら、それなりの大企業だと言えます。経営者が象徴的な存在であることは変わらない会社の規模だと思いますが、何でもかんでも「経営者頼み」という広報活動から脱却するタイミングでした。

また、そのくらいの社員数の規模だと組織の階層も増え、事業も創業当初の事業内容から派生していくつかの新しい柱ができているので、社長自らがすべての事業を把握し、マネジメントするにはある程度の限界が生まれてくる時期でもあります。

そのような状況では、たとえ社長宛てに取材依頼があったとしても、特定の事業やサービスのことに関する取材であれば、会社としては社長ではなく担当役員や事業責任者など、違う人を提案し、アサインすることが適切な場合も出てきます。

そのため、広報としては常に社内にアンテナを張り、社内のキーマンを押さえておくことが必要になります。

サイバーエージェントの成長を現場で見てきた私の感想として、「300人くらいの規模は人数がたしかに増えてきたけれど、まだある程度社員の顔や人柄はわかる。でも、少人数だった昔のような一体感は失われつつある」というものでした。つまり、３００人という規模は組織としても少しずつ一体感が失われてくる規模だと言えます。

次第に大きな壁にぶつかってくるころでもあり、社内広報もこの規模になったら創意工夫を考えないといけなくなってきました。

また、立ち上がったばかりのベンチャー企業という規模でなくなったことで、外部からの目は会社を単なる「チャレンジャー」というようには見てくれなくなってきます。

企業として、それなりの社会的責任や影響力も出始めてくるので、広報としてもそれを踏まえながら、企業ブランドをつくっていかなければいけないフェーズに移ってきます。

このときにサイバーエージェントの広報として取り組んだことが、**経営者依存による広報露出からの脱却**でした。

そこで、私たちは社長の藤田以外に、会社のスポークスパーソンとなるようなスター社員（もちろん役員でもかまいません）を何人か発掘することからスタートしました。

**特定の分野や事業に造詣が深く、また聞く・話すというコミュニケーションがうまい社員。もちろん、その人物としては実績や役職など社内的な納得感も必要です。**

それまですべて社長が受けていたような取材の一部を、そういった社員に振り分けていき取材慣れをさせることで、必ずしもいつも社長がメディアに出なくてもいい、という体制になってきました。

私たち広報も、そういった社員のリストを手元に持っておいて、メディアの方との雑談のなかで「こんな社員がいるんですけど、もし当てはまる企画があればぜひ！」と、したたかに売り込むこともありました。

そうやって取材の機会をつくっていくと、そのうちに売り込んだ特定の社員を指名で取材依頼を受けることが増えてきます。

たとえば、強みやキャリアに特徴がある人はまさにうってつけ。名物人事部長、キャリアママ社員、伝説のトップ営業マン、特定分野のスペシャリストなど……。専門的な企画で社員宛てに取材依頼が来ることもあり、結果的に会社の露出機会は増えました。

社員を出すことは、その会社で働いている人の姿を見せることにほかなりません。

その積み重ねから、**働く社員の姿を通じて共感を得たり、企業イメージが形成されていくのではないでしょうか。**

サイバーエージェントでは社員の露出を増やしていったことで、なぜか「美人社員が多い」と言われるようになったのですが（当然、ビジュアル重視の採用ではありません！）、それはあまりにイキイキと働く社員のインパクトが大きかったからでしょう。

それはさておき、やはり同じ部署の身近な社員がメディアで露出したり、上司が取材を受けたりするというのは他の社員にとってもモチベーションが上がることは間違いありません。またそのような場合、まわりの社員がよくソーシャルメディアなどで記事をシェアしてくれます。

それまで、広報や取材は社長の役割だったところから、社員を広報に巻き込んでいく良いタイミングでした。

また、会社の規模が小さいときは経営者をフックに会社の知名度を上げ、それによって商品やサービスの認知を図り、ファン（応援者）を増やし、スタートアップ企業のなかでも注目される存在にしていくことが広報の主目的になっていました。

ところが、社員数300人規模になると、スタートアップのときよりもさらにブランディングを意識しながら、企業の姿勢や姿を伝えることが必要になってきます。

サイバーエージェントでも、このタイミングで会社内の共通言語を明文化しましたが、社長依存の露出から脱却するうえでは、誰が話をしても企業メッセージにズレがないようにする必要が出てきます。

改めて企業が大事にするものを明文化し、それを社内に浸透させ、社内で意思統一させる。これが、300人規模の広報戦略の第一歩になってくるのではないでしょうか。

## 社員数3000人を超えた広報の現場づくり

ベンチャー企業としてスタートしたサイバーエージェントも、現在ではグループで社員数3500人という規模になりました。

連結子会社数は80社以上となったため、各子会社や事業部ごとに担当する広報担当者がいます。

それぞれのサービス広報は強化されるようになりましたが、より企業としての一体感やメッセージの発信が重要な局面に来ていると感じています。

サイバーエージェントは2015年4月、13年間慣れ親しんだアメーバ型の会社ロゴを一新し、新たなロゴに変更しました（下の図）。

このロゴは、世界的にも活躍するファッションデザイナーであるNIGO®氏にデザインしてもらったものです。

◆サイバーエージェント（会社）の新旧ロゴ

CyberAgent

CyberAgent

（最新ロゴ）

CyberAgent

CyberAgent

（旧ロゴ）

◆「Ameba」の新旧ロゴ

（最新ロゴ）　（旧ロゴ）

社名ロゴという、会社にとってはとても大事なものを変更した背景には、「古いものに固執せず、世界基準でのクリエイティブな会社を目指す」という想いが込められています。

また、それと同時に代表的なサービス「Ameba」のロゴとキャラクターも一新することになりました（上の図）。

と言うのも、「Ameba」のサービスも10周年を迎え、時代遅れのサービスにならないように、フレッシュなイメージにするという意図のもと、それらを変えることを決断したのです。

「大きな成長を続けるベンチャー企業であり続ける」

そう公言していたサイバーエージェントですが、東証マザーズから東証一部に鞍替え上場し、現在の売上高は2000億円を超えるなど、業績的にも社員数としても大企業と言える規模になりました。

社長の藤田からは、「いつまでもベンチャーとばかりも言っていられない」というメッセージが社内に発信されるようになり、社員の行動、倫理観、サービスのクオリティなどさらなる向上が求められ、会社の成長とともに、社会的責任も大きくなってきています。

ここ数年で、CSRや社会性の高い事業なども開始しました。

では、急成長してきたいま、広報の現場づくりには何が必要になってくるのでしょうか。

社員の意識が取り残されてはいけないので、私たちがいま取り組まなければいけないことは、「社格」を高める企業ブランドづくりです。

それには、「自分たちの言動や行動が会社のイメージに関わってくるんだ」といった社員の意識が欠かせません。

また、事業が多岐にわたり、どうしても縦割り組織になってしまうからこそ、改めて社内広報が重要になってきました。

そんなこともあり、現在は社内報やプロジェクト史といったものを通して社員の啓発活動を強化しています。

その一方で大企業になると、どうしても築き上げたものを壊してはいけないと守りに入ってしまい、同じものを踏襲しようという気持ちが生まれてしまいがちになるのも事実です。

でも、常に新しいことをしなければ、あっという間に企業イメージは衰退の一途を辿ってしまうことになります。

だからこそ、広報としても常に自分の取り組みを見直さないといけないのです。

会社の規模が小さいときは、会社やサービスの認知度を上げることや、信頼性を高めることが広報としても大きな比重を占めていました。

ですが、いまはサービス広報の観点ではサービスの認知向上や利用促進はもちろんですが、企業広報という観点では**会社として常に新鮮なイメージを保つこと、さらに企業ブランドを高めること**が重要になっています。

メディアリストも環境の変化に合わせて更新・拡充したり、ソーシャルメディアも商品やサービスのイメージに合わせて使い分けをしたり……。

ちなみに、サイバーエージェントではサービスのソーシャルメディア運営も、動画サービスやゲームはTwitter、音楽サービスはInstagramといった具合に、サービス特性、ターゲットユーザーに応じて変えています。

このほかにも、コーポレートサイト、採用サイト、制作物のコンテンツや表現なども、毎年新しく、クオリティの高いものをつくることを目標にするなど、広報から新しい価値を生み出せるように努力中です。

また、社員数3000人規模になり、次の2つを実践しています。

**・企業ブランドが古くならないようなフレッシュさの追求**
**・企業規模に見合う社格の醸成**

この2つのかけ合わせで企業ブランドをさらに発展させていかなければいけないと、私自身も実感しているところです。

## 規模が大きくなると、広報体制や情報収集にも工夫が求められる

社員数が増えれば、広報の体制や社内での情報収集なども工夫が必要になってくることをひしひしと感じています。

とは言っても、まだ３０００人規模だという見方もできます。

これまでにやってきたことをそのまま踏襲するだけでなく、必要に応じてバージョンアップしたり、逆にやっていたことをなくしたり、定期的に見直すことが必要です。

社内の情報収集にしても規模が大きくなればなるほど難しくなってくるので、私たちは各事業部の会議の議事録を入手する、さらには定期的な情報共有の機会をつくるといったことを行っています。

そしてこのくらいの規模になると、社員一人ひとり、どうしても自身の担当事業や部署のことが最優先になってしまい、広報に協力してもらえないという声も聞きます。

そのため、社内への広報を通じて社員に広報の意義を理解してもらうことに取り組まなければいけないのも、この規模になってからだと思います。

その一環として、たとえばプレスリリースを出したことで掲載された媒体の数、ソーシャルメディア上での反応などを協力してくれた社員に伝えたり、「広報トピックス」として週に1回、全社宛てにメールを送るようにしています。

「広報に協力することが、自分たちの事業にも役立つ（トクだ）」

そう思ってもらえるようにすることが何よりも重要です。

逆を言えば、これだけの規模になると、それだけ事業の幅も広がってくるため、「ニュースとして、こういった情報を出したい」という依頼が多方面から上がってくるということもあります。

そこに会社としての方針と社会的な注目度をかけ合わせ、いつ・どういったタイミングで・何をどう出すか、戦略的なさじ加減もいままで以上に必要になってきました。

## 「見られる社内報」で企業文化をつくる

私の経験上、概ね社員数100人くらいまでであれば、社員全員の顔と仕事内容が把握できる状態だと言えます。経営者との距離もまだ近い状況です。

これが100人を超え始めると、一人ひとりのコミュニケーションが少なくなるものの、「知らない人がいる」と言うほどではない状態です。

ところが、300人くらいになってくると、一気に社内のコミュニケーションが薄くなってきます。「うちの会社のカルチャーってこうだよね」というような阿吽《あうん》の呼吸がなくなってくるのです。

サイバーエージェントも、このくらいの規模のときにそういったことがありました。

たとえば、来客があると社員は仕事中でも手を止めて「いらっしゃいませ！」と声がけをするのが設立以来の文化としてありました。

「活気がある」「若いのに礼儀正しい」と、お客さまからお褒めの言葉をもらうこともあり、良い企業文化として続いていましたが、社員が増え、他社からの転職者も増え、いろいろな文化が交じり合ったとき、いつの間にか声を出す人が減り、来客があっても誰も挨拶をしない、そんな状況になっていました。

「もう一度、サイバーエージェントの文化をきちんと伝えよう」

「社員一人ひとりの顔がわかるようにしよう」

そんな目的のもと、**ちょうど社員数300人を超えた2002年に立ち上げたのが社内報でした。**

イントラネット限定の社内報で、サイバーエージェント文化創造委員会、という長い名前の有志プロジェクトは、当時の副社長や創業初期からのメンバーで構成され、私も参加していました。

「バーでくつろぐように見てもらえれば」

このようなコンセプトと、社名をかけて決められた社内報のネーミングは「CyBAR（サイ・バー）」。マネージャー以上の幹部社員がこれまでの生い立ちやこれまでのキャリアについて語るコーナーはダントツ人気で、依頼するとみな喜んで執筆してくれるコンテンツになりました。

また、「挨拶をしましょう」といったマナー啓発のためのコンテンツや、若い社員が多いことを踏まえ、育児社員への理解を促すためにパパママ社員の育児と仕事の両立について紹介するコンテンツなどを更新していきました。

とにかく、いろいろな職種・部署、年齢など、切り口を変えて社員を紹介するようにしていったのです。

2014年からは、「会社のカルチャーが競争力になる」という考えのもと、カルチャー推進室という新たな部署を設置するとともに、それぞれ専任編集長を立て、更新しています。

いまや社員数は3500人、その10分の1の規模だったときと比べてさらに社内コミュニケーションや企業カルチャーの維持は難しくなっています。

オフィスも分断され、他部署の情報を入手しづらいという現状がありました。それを打開するために、現在の社内報「CyBAR」では「タイムリーに、大量のケーススタディを、事業部横断で流行らせる」ことを目的にコンテンツを更新しています。

そのために週1回の更新だけでなく、情報鮮度が落ちる前に号外として更新したりすることもあるくらいです。

さらには、いまではママ社員が増え、時短（短時間）勤務の社員もいるため、PCだけでなくスマホアプリとしても社内報を見ることができるようになっています。これには私も助かっていて、移動中にチェックをすることもあります。

また、同じくカルチャー推進室で運営しているプロジェクトが「ヒストリエ」という、いわばプロジェクト史のようなものです。

事業や幹部社員に焦点を当て、関係者へのインタビューに基づいた事実を記録したもので、これもイントラで月4回更新し、ある程度蓄積してくると書籍として印刷しています。

これは成功した事業やプロジェクトだけでなく、失敗したものも取り上げており、この事実の記録を「いまの学び」として役立てたり、企業文化を伝えるという役割となっています。

人数が増えれば、社内の事業部同士で利益相反が起きたり、企業文化がますます薄れていくことが起こってきます。

だからこそ、社内の意思統一の徹底を図り、企業文化を継承するためには社内広報が重要なのです。

そして何より大事なのは、やって満足するのではなく、きちんと社員に見られるようになることです。

イントラ社内報「CyBAR」ではページビュー数や閲覧者数、人気記事などをきちんと把握し、運用しています。

情報鮮度が落ちる前に情報を更新することで、過去最高のページビュー数をたたき出し、現在の閲覧数は社員のほぼ全員が見ているほど。

地道な効果検証と運用が、3000人規模の広報の現場づくりには欠かせないのです。

# 第3章

# 広報は社長にモノ言う仕事

## スタートアップ企業は経営者が広報の武器となる

設立当初から広報に力を入れてきたサイバーエージェント。

立ち上がったばかりのスタートアップ企業は、無名で何もしなければ埋もれてしまう存在だからこそ、成長のために広報活動が重要になってきます。

広報担当者を設置する、しないに関わらず、事業がある程度軌道に乗り始めたら広報に着手すればいい、そのような考えを持ってはいませんか？

実は、そのような考えでは遅いのです。

会社を設立するときから、広報には力を入れるべきです。

現に、創業して間もないころのサイバーエージェントでは、社長の藤田自らがメディアに取り上げてもらうための広報活動に注力していたのは、すでにご紹介したとおりです。

１９９０年代後半から、２０００年代前半に設立されたベンチャー企業の成功や、現在の安倍政権による起業促進支援などを背景に、スタートアップ企業を取り巻く環境はずいぶん良くなりました。

スタートアップ企業に特化した記事を書く媒体もありますし、日本経済新聞にはスタートアップ企業をカバーする担当記者もいるほどです。

とはいえ、スタートアップ企業が星の数ほどあるなかで、待っていても勝手に取材依頼が来るわけではありません。

最初の一歩は、まず企業側からのアプローチが必要になってきます。

まだ立ち上がったばかりで規模も小さく、実績も乏しいスタートアップ企業で大きな武器になるのはやはり経営者自身です。

起業という道を選び、会社を立ち上げた経営者が、なぜ起業にチャレンジしようと思ったのか——。

それは社会的な課題感（自己効力感）かもしれないですし、まだ顕在化していない社会的なニーズにいち早く応えるものかもしれない。もしくは個人的な体験によるものかもしれません。

**まだ実績が乏しいスタートアップ企業だからこそ、語ってほしいのが志やビジョン、目指す姿といったこと**です。

さまざまな業種があるため、内容はさまざまでしょうが、こういった経営者のストーリーがオリジナリティにあふれ、それが読者、視聴者の共感を得られるものであることが、メディアに取り上げられるスタートアップ企業として必要な要素になってきます。

その一方で、まだ世の中に（ほぼ）存在しないような新しい商品や事業である場合、これも大きな武器になると同時に、まだ世の中に市場がないからこそ世論の形成や社会的な課題感の認知も重要になります。

たとえば、サイバーエージェントの子会社で小学生向けプログラミング教育を事業とする「CA Tech Kids」という子会社があります。

２０１３年の設立当初は「小学生がプログラミングをする」という話は聞いたこともなく、子どもがパソコンやインターネットを使うと「よからぬものを見るのではないか」「犯罪に巻き込まれるのではないか」と懸念する親御さんがいるだろうと想像できました。

だからこそ、なぜこれからの時代にはプログラミングが必要なのか、小学生のころからプログラミングを学ぶ意義はどこにあるのかをきちんと伝えることに集中した広報活動を行いました。

「CA Tech Kids」の社長が自ら大手新聞社や大学、全国の小学校に提案し、ワークショップや出張講座を行うことでそれをニュースとして出したり、先行するアメリカの状況を紹介したり、実際にプログラミング教育を習っている小学生の声を紹介するセミナーを開催するなどして世論形成をしていったのです。

**連続してメディア露出することで、スタートアップ企業のなかでも目立った存在、注目**

**の存在になれる**のです。

そうなれば、メディアがスタートアップ企業の特集をするときにも、記者から声がかかる確率も上がっていきます。

何より、人はチャレンジする人を応援したいという気持ちがあるもの。その意味で、チャレンジ精神を持ってさまざまなことに挑戦しているスタートアップ企業は、好意的に取り上げられるチャンスが多いのも事実です。

メディアも、これから企業として大きくなりそうな種やイノベーションを起こすかもしれない企業をいち早く発掘して、それを世の中に紹介していきたいと考えているのです。

したがって、スタートアップ企業こそ、広報もスタートダッシュが大事だということです。

単なる中小企業というような規模の問題ではなく、起業したばかりの「スタートアップ」のときにこそ、広報に力を入れるべきだと思います。

## 会社のファンをつくる経営者ブログ

この10年ほどで経営者という存在がいわゆる「雲の上の人」ではなくなり、身近に感じられるようになったのは気のせいでしょうか。

商品開発や工場など企業の現場に潜入する情報番組も増え、経営者がメディアで直接語る場面も増えているように感じます。

また、ソーシャルメディアが普及したいま、それを積極的に活用する企業や経営者も多く、その評判もより透明性を増してきました。

社長の藤田も、「いまや経営者は雲の上の存在ではなく、たとえ取り繕っても見破られてしまうから、自然体が一番」と話をしています。

その藤田が創業当初から書き続けていたのが社長メッセージです。

会社設立の4ヶ月後には、『ベンチャー企業の日記』として会社のホームページでメッセージを公開していました。

その記念すべき1回目の内容がこちらです。

タイトル：「今日から、日記を書きます。」

今日から日記を書きます。

1ヶ月くらい交代で書こうと思っていますが、最初は私、藤田晋が書きます。

4月にサイバーエージェントがスタートして4ヶ月が経ちました。この間にはびっくりするほどいろいろなことが起きています。

4個しかなかった机が10個に増えて、新聞記者が取材に来て、大企業との提携が決まり、新規事業を次々に立ち上げて、フロムAに広告を出したら100人も面接に来て、アルバイトを採用して、リストラし、新卒会社説明会を開催して90名の学生を集め、冷蔵庫も購入し、日高や石川は会社に泊まって家に帰りませんが、銭湯には行ってくれるようになりました。

不夜城と呼ばれるほど、サイバーエージェントの灯かりは深夜まで消えません。私たちベンチャー企業がどういった毎日を送っているのか、この日記を通じて伝えることができたらと思っています。

なるべく毎日書きたいと思いますので、よろしくお願いします。

出所：『ベンチャー企業の日記』（藤田晋、1998年7月25日）

私自身、就職活動中に就職情報サイトを見て、初めてサイバーエージェントを知りました。

当時（1999年）はまだ設立2年目、社員数は30人ほど。それでもコーポレートサイトで更新されていた藤田社長の日記を読み、ベンチャー企業がどんなものかを知り、そしてワクワクし、この会社を受けようと思ったのです。

他に就職試験を受けていた、組織がきちんと確立された歴史のある大企業とは会社の雰囲気も真逆でしたが、若くして仕事を任されるチャンスがたくさんあること、そしてインターネット業界の将来性を強く感じました。

また、社長自らがホームページ上で日記を公開しているのは、当時としては稀であり斬新なことでした。

この『ベンチャー企業の日記』は2004年までコーポレートサイトで更新され、ブログの登場により形を変えて、『渋谷ではたらく社長のアメブロ』として現在も続いています。

現在は、ブログのほかにもFacebook、Twitterなどのソーシャルメディアがあるため、何かしらのSNSを使って情報発信しているという経営者の方も少なくありません。

私が『ベンチャー企業の日記』を読んでサイバーエージェントに興味を持ったように、

これらのソーシャルメディアでの発信が、経営者への理解や会社のファンを獲得するのに一役買っているのは間違いないでしょう。

ちなみに、たくさんあるソーシャルメディアのうち、どれを更新すればいいのかを迷ってしまう場合があります。

TwitterとFacebookの特徴については、みなさまもある程度ご存知だと思うので、ここでは少し触れる程度にしておきます。

まずTwitterですが、140字という制限があり、リアルタイムで情報がどんどん流れていくフロー型のメディアです。

Facebookはストック型ではありつつも、長文投稿をするとタイムラインには最初の数行しか表示されず、「もっと見る」をクリックしなければ読むことはできません。

また、時間が経つと過去の投稿はハイライト表示になってしまい、デフォルトだと投稿がタイムラインに表示されないというケースもあります。

ですから、**経営者が自身の考えや少し長めの文章を投稿するときは、ストック型メディアであるブログがオススメ**です。

ちなみに、藤田の『渋谷ではたらく社長のアメブロ』について、「記事を事前に広報がチェックしているのですか?」と質問を受けることがあります。

その答えはノーです。

なぜなら、広報がチェックをすることで、当たり障りのない文章になってしまう可能性は否めませんし、広報のチェックで手を加えすぎてしまうと、藤田のパーソナリティが薄まってしまうことがあるからです。

経営者の想いを読者にストレートに伝えるためには、経営者が自分の言葉で語ることが何より大事になってくるのです。

## 広報にメリットを見出せない経営者の方へ

「経営陣が広報に理解がなくて……」
「社長が取材を受けたがらなくて、困っているんです」

こうおっしゃる広報担当の方によくお会いします。

サイバーエージェントが会社としてこれほどまでに成長できた要因のひとつに、社長の藤田をはじめ、経営陣が広報への理解が深いことが挙げられます。

たしかに、取材を受けたら大きな流れとしてあまりポジティブなものにならなかった、テレビなどで発言の一部だけが切り取られて放送されてしまい、自分の意図がきちんと伝わらなかった……。こういう経験をしたために、メディアに出ることを嫌う経営者の方もいるようです。

また、すでに会社が知られていたり、知名度がある商品やサービスを持っている場合は広報の効果が理解されず、広報の仕事が評価されないというケースもあるようです。

**広報にはメリットとデメリットがあり、賞賛と批判は表裏一体**だと言えるかもしれません。メディアに出るということは、常にその双方がつきまとうものだからです。

それを踏まえたうえでも、メディアに出ることは、メリットのほうが大きい、私はそう考えています。

もちろん、デメリットは最小限に抑えなければいけないので、広報としては取材を受ける際にどういった取り上げられ方になるのか、それが会社にとってネガティブに捉えられることはないか、よくよく検討しなければなりません。

そのようなときには、以下の3点に気を配ります。

- **メディアが聞きたいことや企画趣旨を正確に把握しているか**
- **メディアが聞きたいことや世の中のトレンドを踏まえたうえで、自社が発信したいことを正しく伝えられるか**
- **記者に自社のことを理解してもらったうえで、経営者の取材に臨めるか**

この3つの気配りが、広報の手腕に関わってきます。

経営者がメディアに出るメリットが大きい——。

私がそう思う理由として、特にスタートアップ企業の場合は、最初は何の後ろ盾も信用力もなく、営業活動や社員採用など苦労することも多いのではないでしょうか。

そのような場合、メディアに出ることで、あまりよく知られていない会社から、メディアに取り上げられた話題の会社になれるからです。

サイバーエージェントでも、１９９８年の設立当初は海のものとも山のものともわからないベンチャー企業でした。

社長の藤田は会社の信用や信頼を高めるために、積極的にメディアにアプローチしており、それによって依頼を受けた日本経済新聞の取材を何よりも（営業活動よりも）優先させていたほどです。

このひとつの記事によって、営業活動や採用活動がぐんとやりやすくなりました。記事を見て大企業からの転職希望者が増えたり、入社した社員やその家族が安心したり、アポイントメントの依頼も受けてもらいやすくなったり……。まさに広報戦略によって、会社に追い風を吹かせることができたのです。

次に、すでにスタートアップから時間が経過し、一定の知名度がある会社の場合の広報戦略についても少し触れておきたいと思います。

ある程度世の中に社名や商品、サービス自体が浸透していると、「広報は必要ないだろう」

……そう考える方もいらっしゃるかもしれません。

しかし、広報は認知目的がすべてではありません。

たとえ認知されていても、放っておけばそれはあっという間に古いイメージになるかもしれませんし、かつてのイメージのままということもあります。

つまり、**ＩＴの力によって情報が瞬時に伝わっていく現代社会では、イメージの定着というのは、良くも悪くもなり得る**ということです。

いまの会社や商品について戦略を伝える、そしてその価値を高めるのも広報の目的のひとつです。

日々大量の情報が流れてくるなか、埋もれてしまわない、古臭いものにならないためにも、広報戦略は必要だということです。

そして、それは経営者の理解によってもたらされます。

経営者の心構えひとつで、広報の活動がずいぶん変わってくるのも事実だからです。なぜなら、経営者の広報に対する理解がなければ、いくら広報担当者が頑張ったところで評価はされないでしょうし、優秀な広報担当者であればあるほど、その会社でのやりがいを失ってしまう――そんな例も見てきました。

世の中は、会社のトップである経営者から、じかに話す言葉を聞きたいと思っていて、それを伝えるメディアは、やはり経営者に出てほしいと思うのではないでしょうか。

会社の顔は、やはり経営者なのです。

メディアに出ることによって、ポジティブとネガティブ、双方の声が上がるかもしれませんが、それでも、はるかに大きい広報のメリットが理解されれば、会社の成長にひと役買うことは間違いありません。

# 経営者こそが最強の広報パーソン

日本経済新聞に大きく取り上げられたことで、事業に大きく風を吹かせることができた設立当初のサイバーエージェント。

24歳で社長という、当時では稀有な存在であり、またインターネットという新しい分野での起業だったこともあり、メディアの取材は徐々に増え、それが大きく爆発したのは東証マザーズが開設され、上場期待が高まった1999年〜2000年初旬のころでした。

スタートアップ当初は、インターネット広告に特化した広告代理店はほかにはなく、当時は単独で取材を受けることも多くありました。

ところが、2000年になると同業種の会社も出てきて「インターネットベンチャー」として、メディアでは一緒に取り上げられる機会も増えていきました。

そうなると、やはりどういった位置づけで取り上げられるのかは、経営者としても、広報としても気にすべきポイントになってきます。

そこで、私たちは以下の2点に注力してメディア対応を心がけました。

・**話をする経営者がメディア特性を理解し、メディアの立場に立って話ができるか**
・**広報として取材に来た方に対し、きちんとした対応ができるか**

これらによって、その会社の印象は大きく変わってきます。

メディア特性の理解という意味では、もちろん経営者本人がその媒体に日常的に目を通していればベスト。ですが、広報としてできることもたくさんあります。

たとえば、経営者が普段目にしていなさそうな媒体の場合、取材前にメディアの読者層や取り上げられるコーナーの特徴、過去に取り上げられた会社や人といった情報を伝えるのはもちろん、取材に来られる方の情報をお伝えするようにしています。

経営者自身は会うのが初めてであっても、過去に会社の取材をしていただいたことがあるのかどうか、競合他社の記事を書いているのかどうか、会社やサービスへの理解度、普段どういったテーマや業界の記事を書いているのか、どんなことに興味が高いのか……、といったことも事前にチェックして、経営者の耳に入れておきます。

メディアの特性やその先にいる読者にとって興味のある内容であれば、当初の予定よりも大きく取り上げてもらえる可能性も生まれてきます。

事実、サイバーエージェントでは過去にそういったことがありました。

さらには、このようなメディア対応を積み重ねていくことで、経営者の「広報センス」が磨かれていきます。

広報センスのある経営者というのは、言葉選びや印象に残る言葉を発するのがうまいもの。藤田などを見ていると、「見出しにしたときのインパクトまで計算して話をしているなぁ」と感じることがよくあります。

こうやって**メディアに対して話した言葉は、対外的にだけではなく、社内にも伝わるもの**です。

社長の考えを社内に伝える意味でも、経営者がメディアに何を語るのか、どういった言葉で語るのかということは重要になってきます。

通常の会社であれば、経営者が直接社内に対しメッセージを伝える機会は限られており、よほどブログやソーシャルメディアなどで頻繁にメッセージを伝えている経営者ではない限り、メディアからの取材が社内広報にも一石二鳥で役立つのです。

最近感じるのは、広報センスがある経営者は、事業の選定や会社での取り組み、施策も時流に先んじて手を打っているため、それ自体が話題にもなりやすいということです。

もちろん、それがメディアに取り上げられることだけを目的にしたものではないのですが、世の中が関心を持っている取り組みについては、自然に取り上げられる機会が多いものです。

たとえば２００４年ごろ、インターネット企業による企業買収が続いていた時期がありました。

そのとき、サイバーエージェントが他社との差別化戦略として話をしていたのが「大型の買収はしない」ということでした。

当時は、とにかくネット企業の買収ラッシュの時期でもありました。

金融系の会社を買収したり、ネットとは関係ない会社を買収したり、また放送局への買収攻勢も、みなさまの記憶にあるのではないでしょうか。

そんななか、企業文化を大事にするサイバーエージェントでは、会社規模が同等、もしくは大きい会社の買収は根底の企業文化が崩れるという理由から、大型の買収をしないという方針を打ち出したのです。

買収先の話題性やそれによる収益の増加などにとかく話題が集まりがちだったなか、この「大型の買収をしない」という藤田の発言は大きく注目を集め、「なぜなのか？」というメディアからの取材もさらに増えました。

このように、時流を見て会社の方針を明確に発信できるかどうかは、経営者の広報センスに大きく左右されます。

広報は担当者だけがするものではなく、会社を代表する経営者こそ、最強の広報パーソンとなるべきなのです。

## 会社の目指す方向を定めて戦略的広報を実践

サイバーエージェントが成長するうえで、株式上場後にぶち当たった大きな壁がありま す。

それは、ネットバブル崩壊後、社員の離職が増え、社員からは「会社が何を目指してい るかわからない」という声が上がるほどになってしまったことです。

広報として、伝えるべき会社の姿を見失う――。

これは、「広報＝会社のファンづくり」という目的から考えても大変な事態です。

もちろん、日々のニュースで露出を図ることはできると思いますが、どれも行き当たり ばったりの「戦略なき広報活動」になりかねません。

サイバーエージェントでは2003年、初めて行われた役員合宿で人事を強化するとい う方針が決められ、社員向けの人事制度を整えていくと同時に、社内で複数存在していた、 それぞれ異なる目標をひとつに絞り、会社全体のビジョンとして「21世紀を代表する会社 を創る」ということを明言化したのです。

このように、**会社が何を目指しているかわからないという声が上がってきたときには、**

**いかに会社の価値観を言語化できるかが重要**になってきます。

これによって社員の気持ちがひとつになり、広報としても何を目指し、どんな会社なのか、そんな説明がものすごくやりやすくなったのを覚えています。

また、2006年には、会社の行動規範としてミッションステートメント（会社と従業員が共有すべき成長のためのルール）を制定しました。

これは、「21世紀を代表する会社を創る」というビジョンに向かうための基本ルールのようなもの。つまり、このルール上で、社員一人ひとりが主体性を持って自由に働いてね、というものです。

ここで、その一部をご紹介したいと思います。

- **インターネットという成長産業から軸足をぶらさない**
- **ただし、連動する分野にはどんどん参入していく**
- **若手の台頭を喜ぶ組織で、年功序列は禁止**
- **法令順守を徹底したモラルの高い会社に。ライブドア事件を忘れるな**

このミッションステートメント、原案は社員発案のボトムアップで考えていき、それを経営陣に提案して決定したものです。

これをつくるときには、私も一メンバーとして参加させてもらったのですが、社内のキーマンを集め、サイバーエージェントが成長するうえで必要だと思うことを出し合い、いくつかの要素にまとめて、それを言語化していきました。

この作業で印象的だったのは、徹底的に言葉にこだわり、社員の頭に強く残るようなフレーズを考え抜いたことです。

たとえば、このミッションステートメントをつくった2006年は、あのライブドア事件の後でした。

当然のことながら法令順守は大事だし、モラルの高い会社を目指そうということからひとつの要素として入れました。

最初は「モラルの高い会社を目指す」とか、そんな言葉だったと思います。

それを見た藤田は、「当然のことなんだけど、あたり前すぎてこれでは頭に残らないから、〝ライブドア事件を忘れるな〟という言葉を入れよう」と主張したのです。

一会社のミッションステートメントで、他の社名が出てくるなんて異例とも言えることです。最初こそ逡巡しましたが、こうすることで言葉のインパクト、重みは増したと思います。

このミッションステートメントは、少しずつ改訂を重ねながら、いまも社員の間で浸透しています。これらの言葉は会社の姿や目指すものを明確に表していて、広報としても「こういう会社なんです」ということが、より伝えやすくなりました。

会社が成長するにつれて、当然ながら社員が増え、創業当初はなんとなく言語化しなくても共通化できていた「こういう会社だよね」という企業文化が薄れかねません。

もしそうなったら、改めて会社の姿や目指すものを言語化することの意味は大きい、それを痛感したエピソードです。

## 社員全員が広報の意識を持つことから始めよう！

広報の仕事は会社のファンづくりだと述べました。

でも、会社の一番のファンは、実は社員ではないでしょうか。

サイバーエージェントという会社は、手前味噌ながら「愛社精神」を持っている人が多い会社だと感じます。

高いモチベーションで働き、社員同士の仲も良いですし、上下関係の風通しも良い会社です。

その理由としては、人材の採用・育成・活性化に力を入れていることが挙げられます。

たとえば、新卒で採用した社員は内定が出た時点で同期同士の接点をつくるようにしているのです。

そのため、正式な入社時にはすでにコミュニケーションがしっかり取れるようになっており、同期同士で親密な人間関係がつくれます。それだけでも、初めて社会に出て働くということに前向きでポジティブな気持ちになれるでしょう。

**会社のマジョリティ（多数）がポジティブだと、社会に出ることに不安を抱いている人**

**や、ネガティブになっている少数の人も周囲の影響を受けてポジティブになっていく**ものです。

また、事業が多岐にわたり、ひとつの事業部が数百人規模となると、事業部をまたいだコミュニケーションにもスムーズにいかない問題が出てきます。

それでも、同期や部活動などによって横のコミュニケーションが活性化し、風通しの良い社風をつくることで、縦のコミュニケーションも盛んになってくるものです。

現に、サイバーエージェントの取締役たちは頻繁に社員と食事の機会を設けていますし、ブログやトークアプリ「755」などでよく社員とコミュニケーションを図っています。

このような環境下で働く愛社精神が旺盛な社員たちは、**会社のファンであると同時に、他にもファンを増やすための広告塔としての役割も果たしてくれる**ようになります。

いかに仕事が面白いか、イキイキ働いているかということを、学生時代の友人や大学の後輩に話すというリアルな場を通じてファン獲得に貢献してくれるのです。

実際に、「友人が働いて楽しそうなので……」「サイバーエージェントで働く先輩がイキイキしていて……」といって入社してくる人も後を絶ちません。

ですが、いまの時代ではさらに社員が広告塔として新たなファン獲得に活躍してくれる場面があります。

それは、会社が出したプレスリリース、取り上げられた記事、コーポレートサイトに公開したコンテンツなど、これらを社員がソーシャルメディア上でシェアすることで、さらに広い人に見てもらうことが可能になってきたからです。

サイバーエージェントでは、2015年にコーポレートサイト上でさまざまなテーマでの社員インタビューコンテンツを公開しました。

「女性管理職」や新卒で入社し、若くして子会社社長に抜擢された人のことを指す「新卒社長」「ママ社員」……。

これらの社員を定量的なデータで分析したものに加え、複数の社員のキャリアや働き方などをインタビューしました。

社員のインタビューを通して、イキイキ働く社員の姿とそれを可能にする環境を伝えたい、そう思って公開したのです。

この「ママ社員」インタビューに多くの社員が共感し「いいね！」やシェアをしてくれて、トータルシェア数は300近くにも上りました。

これは、投稿に「いいね！」やコメント、シェアされたものを見た人が、さらにシェアをしてくれたものも含みます。これらのシェアにより、投稿は約4万もの人たちに見てもらえました。

会社の強みは独自の技術、商品、ノウハウなど、会社によってさまざまだと思います。

でも、**イキイキと働く社員の姿は何よりも説得力のある会社の魅力**ではないでしょうか。

社員たちがこのように会社の魅力を伝えてくれれば、全社員、〝総広報担当状態〟です。

ソーシャルメディアが普及したいま、いかに社員を動かして新たなファンを獲得するかという観点が必要になってきます。

私たちサイバーエージェントが「会社の一番のファン」である社員をどう動かして新たなファンを獲得するかを考えて、いま取り組んでいることは、タイムリーなソーシャルメディアの更新と、社員の顔が見えるコンテンツの企画・制作です。

ファンを増やすために、まずはコアなファンを動かす！

これも広報で働きかけられる重要なことなのです。

## 採用にも広報のチカラを注力できる

インターネット広告事業からスタートし、「Ameba」でメディア事業の確立に成功したサイバーエージェント。

「Ameba」の認知拡大を目指した10億人露出プロジェクトによって、企業のイメージも、「ネット広告代理店のサイバーエージェント」から「Amebaのサイバーエージェント」に変わっていきました。

それと同時に、社内的な変化として見えてきたのが採用についてです。

採用も新卒・中途ともに、それまでの広告営業中心から、エンジニアやデザイナーの採用を強化するようになっていきました。

とはいえ、サイバーエージェントもエンジニア職での採用ブランディングの構築に苦戦していた時期があります。

それを打開するため、在籍するエンジニアやサービス開発での取り組み、またエンジニアが働く環境などを広報していくことを強化していきました。

特に、私たちが強く打ち出したのが以下の2点です。

・**エンジニアが裁量を持ってサービス開発に存分にチャレンジできる環境であること**
・**在籍するエンジニアの技術力をきちんと世の中に伝えるという取り組みを行ったこと**

具体的にまず実施したのが、コーポレートサイト内に「技術情報」という、採用とは切り離したページを設置したことです。

そこで在籍するエンジニアのインタビューや、新しい技術への取り組みについて紹介していきました。

また人事面でも、エンジニア向けにさまざまな制度を導入したので、そういった取り組みについても広報していきました。

たとえば、エンジニアが業務とは別に、興味を持つ技術について研究を行いレポートを発表する制度や、新たな技術習得のための研修費用を会社がサポートする制度などです。

こうやって技術専門雑誌や、エンジニア向けのＷｅｂメディアなどを中心に、地道な広報活動を行って技術者の採用も進んできたころのことです。

スマートフォンの普及により、これまでフィーチャーフォンやＰＣ中心のサービス開発を行っていたインターネット各社が、スマートフォンアプリの開発にシフトするため、アプリ開発に携わるエンジニアの争奪戦が起こったのです。

スマートフォンアプリ自体が歴史の浅い存在ですから、このプラットフォームでの開発ができるエンジニアは当時、転職市場にまだ少ない状況でした。

　これに伴い、エンジニアの報酬も高騰し、人材を確保するために海外からエンジニアを採用したり、中途採用者が入社を決めた場合に数百万円という入社一時金を支払ったりする会社も出てくるなど、にわかにエンジニア不足がクローズアップされたのです。

　そんななか、サイバーエージェントではＩＴベンダーなど別の分野で活躍していたエンジニアのなかで、アプリ開発に必要な技術を習得していないものの新技術の習得に意欲がある人向けに、アプリ開発の技術を教える無料講座を実施しました。

「エンジニアアカデミー」という名前のこの取り組みは、講習費用はすべて会社が負担し、就業中の人であっても土日を使って10回にわたり無料で技術習得ができるようにしました。

　しかも、最終課題をパスした人には内定を出す、という条件を付けました。

　この取り組みは、エンジニア争奪戦という話題とともに新聞に取り上げられ、そのＷｅｂ版の記事が最終的に「Yahoo!トピックス」にも取り上げられることで拡散。これによって、「エンジニアアカデミー」にもたくさんの応募が集まり、サイバーエージェントは他社と差別化した取り組みを広報することで、スマートフォンアプリのエンジニアを確保することに成功したのです。

ちなみに、この「エンジニアアカデミー」は技術や内容を変えてその後も実施をし、他のメディアにも多数取り上げられています。

企業ブランディングは採用活動に大きく関わってくるからこそ、「広報のチカラ」も活きてきます。

このエピソードは、深刻なエンジニア不足という状況において、他の会社と同じことをしても二番煎じになって目新しさは生まれないので、まったく違うアプローチで現実と向き合うことで大きな露出を生むことができた好例だと思います。

# 第4章

# 「時流」と「社流」をつなぐ広報の仕事術

## メディアに取り上げられるポイントは「時流」と「社流」のマッチング

「どうすれば会社の記事がメディアに取り上げられるのか？」

広報担当者なら、いつも考えることではないでしょうか。

事業部から、「これをぜひともメディアに取り上げてほしい！」と言われることもあると思います。

会社の商品やサービスが素晴らしいのに、メディアに取り上げられない……。

なぜ、そんなに素晴らしいものが記事に載らないのか？

そのような場合、まずは、メディアの視点に立って考えてみます。

メディアが取り上げた内容について、何が見られたり読まれたりしたのか、その結果は如実に数字として現れているはずです。

メディアの先には、読者や視聴者となる生活者がいます。

ですから、その生活者のニーズを踏まえて、取り上げる情報の選定をしているのは当然のことです。

読者や視聴者の興味にまったく合わない、興味関心を引くことは絶対にないような情報を取り上げることはありません。

メディアの先にいる生活者が興味を持つこととは何か。

それは、もちろんそのメディアのターゲット属性によるものが大きいと言えます。

つまり、主婦層なのか、ビジネスパーソンなのか、それともティーンなのかといった年齢・性別・職業のかけ合わせは当然のこと、どんなライフスタイルなのか、ビジネスパーソンでもその役職は？　などによって興味関心が異なります。

メディアにはほぼ例外なく、想定しているターゲット属性があり、取材をされる側も広報をするうえで自社の商品やサービスのターゲットが読者や視聴者にマッチするメディアに載せたいというのは、誰しも考えることでしょう。

ところが、メディアに取り上げてもらうには読者・視聴者にマッチすればＯＫかと言えば、すべてがそうだとは限りません。

時節的なイベントや、いま世の中で話題になっていること、気になっているもの、これから流行りそうなもの、もしくはみながこう思っていたけど実はこうなっている！　といったサプライズ的な内容といったように、実は**「時流に合っていること」が重要なポイントになってくる**のです。

自分の会社のなかに、ある事象や事業、または商品やサービスがあったとします。それらをただ単にそのまま広報しようとしても、メディアに取り上げられる確率は極めて低いでしょう。

その点を踏まえ、ここで「時流」を考えて広報してみます。

時流とは、社会一般において、「同じ好みや同じ価値観に流される」ということを指しているので、いまの時代の傾向をチェックしてみることから始めてください。

この「時流」を取り入れることで、ぐっと取り上げられる確度が上がります。

そして、この「時流」をキャッチし、そこから社内にある潮流、つまり「社流」をつなぎ合わせるのが広報の腕の見せ所です。

私は、**「広報とは時流と社流をマッチさせる仕事」**だといつも言っています。

では、時流と社流をマッチさせるとは、どのようなことでしょうか。

そのポイントは、次のとおりです。

- **いま、世の中でこういったものに注目が浴びているから、商品のことをこう伝えよう**
- **いま、世の中でこういったものが求められているから、商品にこんな要素を入れられたら取り上げられるだろう**

いかがでしょうか。

入社式やハロウィン、バレンタインのようなイベントに合わせて、広報の打ち出しを考えることができます。

また、いまこのタイミングでこの商品を大々的に発表したら炎上するかもしれない、というケースだってあるかもしれません。たとえば、豪華客船が遭難して死傷者が出たような不幸な事故の直後に、船上ウェディングの企画をＰＲするとしたら、これはタイミングが悪いと言わざるをえません。

だからこそ、広報はいつも「時流」にアンテナを張っていなければならないのです。

とはいえ、「時流にさえ合っていれば何でもＯＫか？」と言えば、それも違います。会社の戦略や注力分野、打ち出したいイメージなど会社の流れである「社流」から外れた広報をするのでは、そもそも何をしているのか、わからなくなってしまいます。

サイバーエージェントでは「Ameba」のブログサービスとしての認知拡大に注力していたとき、当時ダントツのアクセス数を誇る有名人ブロガーがお茶の間でも大人気だったことから、「世界で最も一日の閲覧ユニークユーザー数が多いブログ」としてギネス世界記録に申請しました。

「世界一、閲覧している人が多いブログはAmebaでブログを更新している」

「ブログサービスと言えばAmeba」

どうしたら時流と社流をマッチングさせて、サービスをうまく訴求できないか、と頭をひねった広報担当者の発案による、この取り組みは見事ギネス認定され、認定証授与とともに行った記者会見には、テレビや新聞、Ｗｅｂなど多くのメディアが集まりました。

ここでのポイントは、お茶の間で大人気の有名人という「時流」、そしてブログと言えば「Ameba」という「社流」をうまくマッチさせたことで、より多くのメディア露出に成功したというわけです。

## 社会と会社の「コミュニケーション・ハブ」になる

広報は時流と社流をマッチさせる仕事だと述べました。

これを言い換えれば、広報は**社会と会社の「コミュニケーション・ハブ」**だということでもあります。

つまり、まずは社会と会社の双方を知るところから始まり、社会と会社が良好な関係を築くために、広報担当者はその間にいる仲介役であると捉えるのです。

社会的にいま、会社はどのように見られているか、またどういったものが社会に受け入れられやすいかを会社に伝え、それと並行して会社のことも社会に伝えていく。この2つをつなぐうえで欠かせないキーワードが「時流」と「社流」なのです。

これは、お見合いの仲介役を想像してみるとイメージがつきやすいかもしれません。

お見合いの仲介役は、「ここが合いそう！」というところを見つけ、男女それぞれの年齢や家族構成、職業や趣味といったプロフィールを伝え、お互いを引き合わせます。ただ会わせるだけではなく、初めて会うふたりの話のきっかけをつくり、盛り上がりそうな共通の話題を振りますよね。

そこでさらに、ふたりの関係が深まりそうなポイントを見つけて、話を盛り上げる。そうやって、ふたりの距離を縮めていくわけです。

ぜんぜん知らない相手同士だったところから好印象を与えたり、それどころか写真や釣書（身上書）だけを見て「いや〜ちょっと、好みじゃないかも……」なんて思っていたところから、「あら？　意外と話が合ってこれはご縁かも！」と思わせたり……。


実は、会社の広報もこれと同じなのです。

最初はどの会社も無名の会社です。もしくは、知られていても会社として伝えたいブランディングができていなかったり、持ってもらいたいイメージではなかったりと、実像とズレが生じることもあるでしょう。

そこを広報が仲介役となって認知を高めたり、偏ったイメージだったものを覆したりするわけです。

では、優秀なお見合いの仲介役は、いったい何が違うのでしょうか。

お見合いをしたことがない私が言うのもなんですが、それは**「人となりの観察力」**と**「情報量」**ではないでしょうか。

結婚願望のある未婚の男女をいくら手当たり次第に引き合わせても、それで結婚にいたることはまずありません。

「価値観やライフスタイルが合う」「一緒にいて安心する」、あるいは「描いている家庭像が一緒」「結婚相手に求めるものを互いに持っている」など、結婚にいたる理由というのはいろいろあるものです。

そこで、お互いのマッチングポイントを見つけるには、注意深く観察して建前の発言に隠された本音を探ることが必要でしょうし、マッチするふたりを見つけるにも、そもそも母数として多くの人の情報を持っていて、そのなかからこの人とこの人が合うのではないか、という相手を選んだほうが精度も上がるはずです。

広報も同じで、社内の（ときには、業界や他社のことまでも）幅広く情報をキャッチするとともに、業界や事業に関わることだけでなく、幅広く社会的に関心の高い話題や世の中の流れも把握していたほうが、マッチングもやりやすくなるのは当然のことです。

また、世の移ろいは早いので、社会のトレンドがどうやって変わっているのか、会社のイメージも半年前はこうだったのに、いまは変わってきているといった観察力が必要になってきます。

では、広報に必要な情報収集力とはどんなものでしょうか。実は、みなさまが思っているほど難しいことではありませんし、何か特別なスキルが必要なわけでもありません。

私の場合もごく普通で、主要な新聞、週刊ビジネス誌や業界誌を定期的に見ているほか、大抵の情報収集はＷｅｂで行っています。

ソーシャルメディアのタイムラインを見ているだけでも、情報量はかなりのものを集めることができますし、Twitterのトレンドキーワードや Googleの急上昇ワードランキングもチェックします。

さらには、実際に書店に行って並んでいる書籍のタイトルをチェックしたり雑誌の目次をチェックしたりするだけでも、「情報のセレンディピティ（偶然の出会い）」があり、意外なトレンドを把握することができます。

いまは特に、ソーシャルメディアが普及し、人の「クチコミ」が集約化されやすいので、それがＷｅｂや新聞で取り上げられ話題になり、雑誌に取り上げられ、少し時間を置いてテレビで取り上げられる、そんな流れになっているような気がします。

それによって、企業の評判情報がソーシャルメディア上で可視化されるとともに、これらのソーシャルメディアを通じて企業と一般消費者が直接コミュニケーションをとれる場ができたわけですから、それを利用しない手はありません。

企業の情報や評判があっという間にインターネット上に広がるようになったいま、単に広告で企業が一方的にメッセージを伝えるのではなく、社会ときちんとしたコミュニケーションをとりながら、企業のことを理解してもらわなければいけないのです。

# いざ取材を受けることになったら

## ～取材を成功させるコミュニケーション～

時流と社流を見極める――。

口で言うほど、かんたんなことではないかもしれません。

それでも普段からしっかりと、この2つを意識して広報活動をしていれば、やがてメディアからの取材を受けられるチャンスがやってくるはずです。

では、実際にメディアからの取材を受けるとき、どのようなことに気をつけるべきかについて詳しく紹介したいと思います。

なぜなら、ときに取材の結果、こちらの意図とはまったく違った記事になってしまうからです。このようなことは広報担当になったら誰もが経験することです。

そこには広報の取材対応力と、何かしらのコミュニケーションミスがあるものです。

記事になってから「あれれ?」ということにならないように、広報担当者は次のようなことに気をつけなければなりません。

## 取材を受ける前のポイントは、入念な確認作業

取材依頼をいただいた場合は、事前にもらう企画書を確認するだけでなく、不明点があれば細かく確認していく必要があります。

「あれ、聞いていた話と違う……」なんてことのないように、大きな企画のなかのどういった立ち位置での取材なのかを確認します。

そのうえで、相手の意図をきちんと理解したうえで、適切な対応者を決定します。

もし、「この人に」といった指名で取材依頼を受けたとしても、適切でないと思った場合はもっと企画に沿った話ができそうな人を推薦することもあります。

以前、サイバーエージェントでは雑誌の記者の方から「こういった特集をするので役員の○○さんに事業の話を聞きたい」と取材依頼がありました。

当社としても役員のインタビュー記事が出るのであれば、広報の良い機会になるとその役員もかなりスケジュールが詰まっていたなかで予定を調整し、取材に応じました。

ところが、記事になってみてびっくり！　なんと、役員の名前も社名すら出ていません。

実は、情報収集のための取材だった、というオチで、話の内容は役員が対応しなくとも広報担当者や事業責任者でもお話しできたかも……ということがありました。

これは「相手から指名で取材依頼が来ているので、インタビューとして記事が載るはず」という完全な思い込みから生まれた失敗です。

また、原稿確認ができる媒体なのかどうかの確認も忘れずにしておきたいものです。経験上、新聞や経済誌、テレビなどは事前の原稿確認ができません。

取材に慣れていない社員だと、掲載前に広報が原稿確認をしてくれると思い込んで、オープンにできないことまでも話をしすぎることもあります。

そうならないように、原稿確認の可否を取材対象者に事前に伝え、話をして問題のないラインとそうでないことのすり合わせをしておくことが必要です。

また、忘れていけないのは撮影の有無の確認。撮影がある場合は、記事のイメージや掲載される媒体の特色に合わせて、「こんな服装が適しています」と取材対応者にアドバイスすることもあります。

## ›› 取材時は単なる議事録係にならないように

取材当日までに行う準備としては、その取材内容に合わせたデータなどの資料を準備します。

たとえば、女性活用に関する取材だとしたら、社内の女性社員比率や女性管理職比率、ママ社員比率に復職率などといったものです。

取材中には何を話したのか、後で原稿をチェックする際のためにメモを取ります。ちなみに、最近ではＷｅｂメディア系の記者など、取材中にパソコンを使ってメモを取る方もずいぶん増えましたが、それでもいまだに紙でメモを取る記者が圧倒的に多数派です。

パソコンのキーボードを打っていると威圧的な印象を与えてしまうかなと思い、広報になって何年かは私も紙でメモしていましたが、効率性を優先し、いまはパソコンを用いてメモを取るようになりました。

インターネットの会社ということもありますが、サービスなど取材時にさっとパソコン画面やスマホ画面を見せることがあるので、パソコンとスマートフォンも手元に置いています。

そして取材中、「この情報はオープンにできない」といった内容があった場合は、その場で広報から伝えるようにします。

そのときも、「なぜ、いまその情報をオープンにできないか」という明確な理由もセットでお伝えしています。

そのほかにも、こちらの話と少し異なる理解の仕方をしていそうだな、と感じたら、改めてその内容を逆に質問して確認し、認識のズレを軌道修正することも広報の大事な仕事です。

そのようなことを、記者の反応や発言から敏感に察知するのも広報の役割です。

また、ときにはもともとの取材趣旨とは異なることにまで話が及び、質問されることもあります。

取材対応者がその内容に明るくない場合は、広報からしっかり説明できるように心がけています。

## ›› 取材後のフォローは御礼とともに、スピーディに!

取材中、もしその場ではわからないことや追加情報として提供するものがあれば、御礼とともにすぐに連絡します。

間が空いてしまうと、原稿確認ができない媒体の場合、間に合わずに手遅れになることもあるからです。

なお、原稿確認の際、内容を変更をするときには大幅に文字数が変わらないようにするのは基本です。

前にも述べましたが、記者やライターの方がまとめた原稿を会社の都合でいちじるしく変えるのは、いわばメディアに対するリスペクトがないＮＧ行為であり、慎むように気をつけています。

もし、こちらの意図と大きく異なるようであれば、それは取材時のコミュニケーションミスに理由があったと反省すべきこと。そして原稿チェックに際しては、基本的には事実関係やニュアンスの異なる箇所を中心に変更を加えるようにし、もし何か大きく変えたい箇所がある場合は、その理由とともに相手に相談するようにしています。

いずれにしても、ものすごく小さなことが、想定していない記事やメディアとのトラブルに発展するタネになってしまうこともあるので注意が必要です。

単なる中継ぎ役にならない。

こういったところにも、広報の手腕が問われてくるのです。

## 他社や記者から学ぶことも多い

私が広報担当になったとき、社内に広報経験者がいたわけでも、広報の仕事について一から教えてくれる先輩もいませんでした。

ですから、毎日が見よう見真似の日々です。私もそうだったように、最初はひとりからのスタートアップ企業の広報と言えば、ひとりからのスタートというところが多いのではないでしょうか。

プレスリリースを書くのも、とにかくいろいろな会社のプレスリリースをたくさん見て勉強しました。

競合他社がどんなプレスリリースを出しているのかはもちろん、大企業の子会社設立など自社の業界に関係のないニュースを知ったときにも、その大企業が出したプレスリリースを検索して見て参考にしていました。

そうしているうちに、読みやすい文章やわかりやすい構成はどんなものか、また同じようなことを伝えるにも表現ひとつで変わるなどの発見がありました。

そうやってたくさんのプレスリリースを読むことで、参考にできるものを吸収し、自分なりにわかりやすい文章やプレスリリースのスタイルをつくり上げていきました。
プレスリリースをつくるうえで、注意したい点は以下のとおりです。

- **タイトルと一段落目でぱっと内容がわかるようにする**
- **ニュースポイントがすぐわかるようにする**
- **文章のリズムに気をつける**
- **コンパクトに情報を伝えるようにする**

また、自分でつくったプレスリリースの内容を実際に取り上げたメディアの記事を見ることで、どういったポイントが記事内でピックアップされるのかが肌感覚でわかるようになりました。

こうやってインプットを増やして、あとはとにかく量をこなす。現在のサイバーエージェントでは広報担当者が複数いて、担当事業やサービスによってプレスリリースを書く担当が異なりますが、最終チェックは私がしています。

さらに広報担当者としての振る舞い方については、私はメディアの方や記者の方に育ててもらった気がしています。

取材も最初は経営者や事業責任者に話してもらい、私は同席するだけでしたが、あえて自分でサービスや事業の話をする取材を増やしていきました。思わぬ突込みや質問もあり、最初は汗だく――。

慣れないうちは、**取材前に何回も質問をシミュレーションし、会社のあらゆる情報や数字を頭に叩き込み、どんな質問が来てもすぐチェックできる資料を大量に手元に用意**していました。

ただ、そうやって話をする経験を積み重ねることで、記者の方がどんなことが気になるのか、どう話すと相手が深堀してくれて話が弾むのか、ということが身についてきたように思います。

私が広報担当者として信頼を得るために気をつけていることは、以下の2点です。

**①会社全体を把握すること**

**②経営者と意思疎通、コミュニケーションをとること**

会社が成長し規模が大きくなると、事業も多岐にわたってきます。最初はインターネットの広告事業がメインだったサイバーエージェントも、EC（電子商取引）事業やHTMLメールマガジンサービスなどを立ち上げ、その後ブログサービス「Ameba」でメディア事業を確立しました。

その後もベンチャーキャピタル事業やゲーム事業、音楽配信や映像配信など、次々に新たな事業を立ち上げてきました。

組織が大きくなるにつれて人事制度や社内の取り組みも増えてきます。記者の方から何か質問されたときに、「わかりません」という返答をしたら、二度と質問してもらえることはないかもしれません。

だからこそ、社内の制度から事業にサービス、人材のことまで、何を聞かれても大丈夫にしておく、つまり、常に会社全体を正確に把握しておくという緊張感を持っています。

また、そうすることで何かひとつのネタを記者の方にご紹介したときでも、ちょっと反応がいまいちかもなぁと思えば、あれこれと違う球を投げることによって、相手に「面白い！」と思ってもらえるツボを探ることもできます。

そしてもう一つ重要なことが、前述した②の「経営者と意思疎通、コミュニケーションをとること」です。

以前、ベテラン記者の方と話をしていて、「どんな広報がデキる広報だと思いますか?」と質問したときに返ってきた答えは「経営者にモノが言える広報」でした。

やはり広報は単なる中継ぎ役ではなく、広報視点でこの取材は受けたほうがいい、この発言は控えたほうがいい、などと経営者と対話ができる広報なのだと私は理解しています。

メディアと接する広報として、その視点をきちんと経営者に伝えられるかどうかが重要です。

それなのに、広報担当者と経営者とで言っていることが違う、となると、「あそこの広報はわかっていない」と、それ以降スルーされかねません。

広報担当になって、「さてどうしよう……」そんなふうに思ったら、他社の広報活動や普段接している記者の方から学んでみてはいかがでしょうか。

# 広報のソーシャルメディア活用術

広報とは、記事を出してこそ！

そう考えて、目標が広告換算費、記事数やリーチ数、露出を目標設定とされている企業も多いかもしれません。

たしかに、第三者に会社や商品のことを紹介してもらえるメディア記事は客観性も高く、それだけ受け手に納得感もあり、重視して当然だと思います。

けれども、これだけソーシャルメディアが生活に浸透しているいま、広報の仕事はメディア記事がすべてではありません。

あらゆるステークホルダーとのコミュニケーションが広報の手段と考えるならば、**ブログやFacebook、Twitterといったソーシャルメディアの運営やコーポレートサイトの運営、企業や商品ブランドなどが保有するオウンドメディアの運営、社内報の発行**なども広報の仕事として行われることになると思います。

事実、サイバーエージェントでは全社社内報は運営こそ広報ではなく、企業文化を社内に伝えることを目的とするカルチャー推進室という部署が行っていますが、そのコンテンツは広報部門がさまざまな形で広報しています。このほかにも、各部署の部内報を広報が制作しているケースがあります。

また、コーポレートサイトやブログ「サイバーエージェントではたらく広報担当のブログ」や広告事業のオウンドメディア「CyberAgent AD.AGENCY」も広報が運営をしています。

ちなみに、「サイバーエージェントではたらく広報担当のブログ」を開始したのは2005年です。

このブログでは、社内の様子や社員インタビュー、社内の様子などサービスの紹介などの記事を更新しています。

毎年、年末年始には主要事業の事業責任者や取締役全員に1年の総括と抱負を語ってもらうインタビューを行ったり、若くして役職に抜擢されるケースが当たり前な社風を伝えるため、子会社社長の就任時期を調べて紹介したり「ここでしか見られない」「ちょっとしたサプライズを与えられる独自のネタ」の提供を目指しています。

**取材ではなかなか取り上げられる機会がない会社の魅力や社風、サービス開発の裏話なども更新しやすいのがブログのメリット**です。

この広報ブログ、ステークホルダーにサイバーエージェントを理解してもらうために更新しているというのはもちろんですが、記事がログとして残るため、これが取材のネタになることもあります。

ある企画で、条件に該当する会社を探していたら、広報ブログが検索結果に引っかかって……ということで取材依頼をいただいたこともありました。


ソーシャルメディアについては、広報部門でTwitterやFacebookの企業公式アカウントを運営していますが、私が実感しているのは「**責任者がひとり担当者をつけて運営したほうがよい**」ということです。

複数の広報担当者で運営していると、ついついほかの業務に忙殺されて更新を忘れてしまったり、「自分がやらなくても、ほかの人が……」という気持ちが働いてしまうもの。

また、目標や効果についての意識も薄くなりがちなので、必ずひとり担当者（やる気がある人）を決めて運営するのがよいと思います。

とかく、ソーシャルメディアの運営は、それがどれだけの人に見られたり、シェアされるかということを考えると、何よりもタイミングが重要です。

通勤時間やお昼休み時間といったソーシャルメディアが見られやすい時間を狙って投稿したり、情報がフレッシュなうちに発信したりするのもひとつの工夫です。

複数人があいまいに担当していたばかりにうっかり失念……なんてことも、タイムリーさを失ってしまう原因になるので、やはりひとりで「自分が責任者」という意識を持って運営するのがいいでしょう。

とはいえ、ひとりではネタ不足に陥ったりするため、私たちはブログの更新ネタを広報担当者複数人で出し合う編集会議をしています。

社内の情報を集約し、プレスリリースを出すほどではないものの、ブログネタとしてはぴったりなものをピックアップしたり、時節的なイベントや社内的な現象に合わせて紹介できそうな社内の取り組みやイベントを考えたり、社員調査をしたり、といった具合です。

何も露出を目指すだけが広報の仕事ではなくて、あらゆる角度から会社のファンをつくる努力を心がけているのです。

## 「社流」広報のススメ

### ～広報成功の秘訣は社内取材にあり！～

広報が社内の情報を発信するために重要なことと言えば、いかに社内取材を成功させるか、ということ。これに尽きるのではないでしょうか。

それこそプレスリリースを書くためのヒアリング、メディアに売り込むための新たなネタの発掘、取材に伴う事前調査、広報ブログやコーポレートサイトでのインタビューコンテンツの公開……、どれも綿密な社内取材が欠かせません。

プレスリリース作成のための情報収集のときは、事前に担当者に時間をもらってヒアリングします。

「自分が記者だったら、どんなことが気になるだろう？」という視点で社内のスタッフに質問をします。

背景、開発秘話、特徴、競合優位性、ネーミングの由来、携わった人数、目標など、まずはいろいろな事実情報を把握します。

自分が理解することで、記者から質問されて答えられるようにするだけではなく、こうやって**いろいろな角度から質問することで、どうやってプレスリリースを組み立てようか、**

**どこを中心に打ち出すかというアピールポイントを見つけていきます**。

たとえば、事業部から新商品などが発売されるときに、事業部サイドから「プレスリリースを出したいです」と言われるような情報については、スムーズに社内取材が進むことでしょう。

ところが、**事業部がニュースになるとは思っていないようなネタにもアンテナを張ることが広報の大切な仕事**です。

つまり、顕在化していないネタを発掘するためにも、社内取材は欠かせません。

私の場合、取締役会や事業部会議の議事録をフィードバックしてもらい、そこから広報ネタになりそうなことをチェックしておき、適切なタイミングでヒアリングするようにしています。

このヒアリングも、タイミングが重要です。

なぜなら、まだ内容が詰めきられていないときにヒアリングを行っても、ほしい情報を得られないからです。

とはいえ、遅すぎても情報発信のタイミングを逸してしまうので、ヒアリングする人の目星をつけ、「良きタイミングのときに話を聞かせてください」と事前に伝えておきます。

これも、広報に必要なコミュニケーションの一環です。

そして、意外にも重要なのが社員との雑談です。

いつもと違うオフィスフロアやビルに行って偶然会った社員と言葉を交わすだけで、面白い情報を得られることも！

また、資料や会議の議事録だけでは得られない、現場の動きや現状というのも、実際に足を運んでみないとわかりません。

ですから広報担当者は、**「この人に聞けば、いろいろな情報を持っている」という人を日ごろから押えておくことが大事**です。

そうすることで、突然の取材依頼や記者からの相談事項にも、電話一本で社内の人間に確認することができるからです。

また、広報ブログやコーポレートサイトで公開するインタビューコンテンツなどのために社員にインタビューを行うこともあります。

そのようなインタビューを行ううえで気をつけていることは、**事前に情報を集めて相手のことをある程度知っておくこと**です。

一緒に仕事をする機会がなく、あまり会ったことのない相手ならなおさらです。

入社年度やプロフィール、社内の交友関係や現在の仕事内容、インタビューテーマに関連することなど、ブログや他のソーシャルメディアの投稿などもある程度はチェックしておきます。

このような準備を怠って、予備知識ゼロでインタビューした場合、相手の基本的な情報を知るのに時間を費やしてしまい、本当に聞きたいところまで到達できない可能性があるので注意してください。

ちなみに、社内取材をやりやすくするポイントは、**「広報のメリットを相手にも感じてもらう」**ことです。

幸いにも、サイバーエージェントではトップ自ら広報への理解が深いため、その意識が社員に浸透していますが、それでも忙しかったりすると自分の業務が最優先で、広報へ協力することの優先順位が低くなることも当然あります。

私自身、話を聞いた内容をどうやって外にアウトプットしていくのか、その目的は何なのか、そうすることで、どのような効果が会社や事業に跳ね返ってくることが期待できるかを、きちんと伝えることで気持ちよく協力してもらう環境づくりをしています。

この環境づくりが、面白いネタや共感を呼ぶ話が聞けるか、つまり社内取材の成否のカギを握っているのです。

# ネタがないと嘆く前に、なければつくればいい！

サイバーエージェントでは、プレスリリースを年間100本以上は出している、そんな話をするとみなさんに驚かれることがあります。

これでも情報として上がってくるもののうち、ニュース性を考え、かなりプレスリリースとして出すものは絞っているのですが、あまりに多くの事業やサービスがあるので、これだけプレスリリースがあるのも当然のことと思います。

その一方で、こんな声もよく聞きます。

「プレスリリースを出すネタがない」

「B to B向けのビジネスだからプレスリリースを出すのが難しい」

もちろん、プレスリリースは多ければいいというものでもありません。

それこそ、「プレス」（報道）に向けたものなので、ニュース性がないものを乱発してもかえって逆効果です。

「あの会社のプレスリリースは見る価値がない」と目を通してもくれなくなってしまうかもしれないからです。

一方、あまりに少ないのもメディアに取り上げられる機会も限られ、何より会社として話題が乏しいようにも見えてしまいますよね。

では、そのようなときには、どうすればよいのでしょうか。

**「ネタがないのであれば、つくってしまえばいいじゃない！」**

これが私の意見です。

実際に、サイバーエージェントでも成熟したサービスだと、なかなかプレスリリースを出すネタがない場合もしばしば……。

そんなときは、広報で企画してネタをつくることがあります。

たとえばブログサービス。ブログブームのころこそ、多くのプレスリリースを出していましたが、ブログというものが世の中に認知され浸透し、サービス自体も成熟したいまとなってはなかなか難しいもの。ですから、「ブログで話題を生み出すために何ができるか？」ということを考えていくなかで、次のようなことをしかけています。

年間を通して「Ameba」に投稿されたブログ記事に書かれたキーワードを分析し、それを記事投稿数からランキング化した「ブログ流行語」です。

2015年は「ココナッツオイル」が1位、「ガウチョパンツ」が2位、「スーパームーン」が3位という結果になりました。

発表はちょうど年末に差し掛かった11月末で、1年の総まとめ的な特集や企画が、ちらほらと出始めるころです。

そのタイミングを狙ってプレスリリースを出すことで、ブログならではの結果が面白いと、複数のテレビ番組でも取り上げられました。

これは「Ameba」の調査としてサービス名が露出するということはもちろんですが、これを見た一般消費者の方たちに、ブログを書こう、見よう、と思うきっかけづくりにしてほしいという意図もありました。

次に、B to B事業におけるプレスリリースの実例について紹介したいと思います。

B to B事業のなかでも、広報活動が特に難しい広告事業ですが、ここでは、「動画広告」や「スマートフォン広告」といった、世の中で注目を集め、かつ会社も注力している分野の市場調査を調査会社と共同で行い、それらは新聞などで記事として取り上げられました。

これも単に「サイバーエージェント調べ」として社名を出すことだけでなく、動画広告やスマートフォン広告の成長感、その分野で強みを持つ会社としてのアピールをするという目的のもとで実施したものです。

ネタがなければ、それをつくるのも広報の仕事です。

では、ネタづくりのポイントとは、どのようなことでしょうか？

それは**メディアが取り上げたくなる内容であることはもちろん、それを出すタイミングも重要視しています。**

すでにある情報をそのまま出すのではなく、メディアに取り上げられそうな情報を考えながら出すわけですから、世の中で注目が集まる時期でなければ意味がありません。

先ほどのブログ流行語も、ネタを思いついたからといって季節はずれの時期に発表しては、取り上げられる機会もおそらくないでしょう。

また当然ながら、そもそも**社流にマッチしていることが重要**です。

いくら面白いネタがつくれたとしても、会社が打ち出したい商品や事業、ストーリーからズレたものを出すわけにはいきません。ここでも時流と社流を意識したうえでのネタづくりが欠かせないものです。

むしろ、世の中で話題になることを事業部に提言して商品に取り入れてもらう。これくらいまでできれば理想的です。

社会の声を事業部に届け、話題になるという視点で商品開発に広報が踏み込んでいける、そんな「広報のしかけ」が他社との差別化を生み出すのです。

## Ｗｅｂメディアでの露出を重視する

ここ数年、広報の仕事で重要度が増しているものと言えば、インターネット上での広報活動ではないでしょうか。

新聞・雑誌・テレビ・ラジオといった旧来のマスメディアに加え、Ｗｅｂメディアもずいぶん増えてきました。

雑誌や新聞社が運営するＷｅｂメディアも増え、雑誌や新聞に載った記事をそのまま載せるだけではなく、Ｗｅｂ向けに独自記事を配信しています。

また、インターネットを開けばＩＴ、インターネット系のビジネスを取り上げるニュースメディアや雑誌社、新聞社が運営するＷｅｂメディアのほか、ファッション系、ガジェット系、ネット上で話題になっていることを取り上げるもの、ゲーム系、女性向け、広告系、人事系と、あらゆるジャンルの媒体があります。

これらのＷｅｂメディアは、独自の記者を抱え、取材・編集をして記事を配信しています。

もともとサイバーエージェントでは、Ｗｅｂメディアの取材を受ける機会やプレスリリースを取り上げていただく機会は初期のころから多くありました。

それでも、ここ数年はＷｅｂメディアに取り上げてもらう広報活動をさらに強化しています。

その理由として、**ソーシャルメディアの浸透とキュレーションサイトの登場、そしてスマートフォンの普及**です。

面白い記事や話題のニュースはソーシャルメディアで一気に拡散します。

また、スマートフォンの普及が進んだことにより、ソーシャルメディアをチェックする時間が増え、タイムラインに流れているシェアされた記事を見たり、また面白いと思ったら自分もシェアをしたり、ニュースアプリやキュレーションサイト内で回遊して気になる記事をチェックしたりということが日常化しているからです。

これにより、Ｗｅｂメディアに記事が掲載され、そのＷｅｂメディアに定期的に訪問しているユーザーに見てもらって終わりではなく、Ｗｅｂメディアのサイトに訪問していない人にも記事を見てもらえる機会が格段に増えました。

また以前より、記事が「Yahoo! トピックス」に取り上げられると一気に閲覧数が上がるということがありましたが、ニュースアプリやキュレーションサイトが新たに登場したことで、拡散の度合いは格段にアップしています。

さらに、Ｗｅｂメディアに記事が載ることのもうひとつのメリットとしては、**検索結果から露出につながることがある**ということです。

テレビや雑誌などで、企画内容に合った会社の情報をインターネット上で探しているときに、以前掲載された記事が検索結果に引っかかる、ということがあります。

私たちも検索結果がきっかけで社員への取材依頼をいただいたり、人事制度を取材したいと依頼があったり、ということは日常茶飯事です。

このアーカイブ性も、インターネットのメリットのひとつでしょう。

検索結果から露出につながると考えると、なにもＷｅｂメディアに記事を書いてもらうだけでなく、広報ブログやコーポレートサイトなど企業発の情報発信も有効だと思います。

プレスリリースやメディアの売り込みだけが、記事露出の種まきではありません。

インターネット上での広報活動は、単に記事が見られる、拡散するというだけでなく、将来的な露出の種まきにもつながるのです。

## 署名チェックは欠かさずに

雑誌や新聞、さらにはWebでも、記事を見るときに私が気をつけていることがあります。それは署名です。

新聞記事はすべてではないのですが、誰々の記者が書いたという署名が入った記事があります。

また、Webや雑誌であれば署名が付記されていることがほとんどなので、気になる記事を書いている方の名前をチェックします。その媒体に属する記者の方が書いていることもあれば、外部のライターの方が書いているケースもあります。

なぜ、私がこれをチェックするのかと言えば、**記者の関心や得意分野、担当業界などをチェックするため**です。

新聞やビジネス誌であれば、担当業界や会社も明確に決まっていて、仕事の関係で面識もあることが多いと思います。

でも、業界に関係のない社会的な話題などは、記者自身の興味関心や情報網、得意分野から担当していることがほとんどです。また、雑誌やWebメディアなど複数の媒体で特定の分野で記事を書くフリーライターの方もいます。

そういった内容のときは、やみくもにメディアに連絡してアタックしても、取り上げてもらえる可能性は極めて低いものです。

もちろん運やタイミングが良く、そういった話題が得意な記者に回してもらえることもありますが、対応した人があまりピンと来ない、得意な話題でなければ、「見てみますね」と言われるだけで終わってしまうことも多くあります。

これは窓口として対応した方が悪いのではなく、忙しいなかでたくさんの売り込みが来るのでしょうから、相手の立場に立ってみれば当然のことだと思います。

そのため、常日ごろからメディアをチェックする際に、**署名記事を注意して見てみると、「この人はこの話題の記事を書くことが多いな」と気づくことができ、ピンポイントで売り込みをすることができる**ようになるのです。

事実、女性の活躍推進やワークライフバランス、企業の人事制度といった内容はこの分野を中心に書いている記者の方やライターの方も多いので、直接話をすると興味を持ってもらえる可能性が高いのです。

また、特定の会社に所属していないフリーライターの方はいくつかのメディアで記事を書いているので、「この内容であればこの媒体が合うかも」「ちょうどこういった企画を考えていて」といった提案を逆にもらえることもあります。

さらに、**私は記者やライターの得意分野の把握だけでなく、面識のある記者の方がどんな記事を書いているのかもチェック**しています。

感想をメールなどで送ることもありますし、次に話をする機会があった際に、特に興味深かったり、面白かった記事について話ができるからです。

誰しも自分が関わったものの反響や感想は気になるもの。ちょっとしたアイスブレイクにも使えます。


「記者に記事を書いてもらうには一緒に食事に行くのがいいですか?」

こんな質問をされることがよくあります。

この答えとして、私がまず申し上げたいのは、「仲良くなれば記事を書いてもらえるほど広報の仕事は甘くない!」ということです。

もちろん、一緒に食事をする、お酒を飲む効果はあるかもしれません。

昼間のビジネスの場から離れて話をすることで、仕事上だけでないパーソナリティもお互いに理解できるでしょうし、人として信頼してもらえることもあると思います。

たくさん手元に届くプレスリリースのほとんどが目を通されず廃棄されるなか、直接連絡すれば見てもらえるようになるでしょう。

とはいえ、記者の方も媒体の読者にとって関心の高い記事にならなければ、書こうとはしませんから、そこを勘違いしてはいけません。

あくまでも**「いかに有力な情報を提供できるか」、そして「人同士として信頼関係を築けるか」ということに重きを置くべき**です。

ただし、広報の人間として記者と話をする時間が長ければ、その分これから取り上げたいと思っていることをヒアリングしたり、逆に雑談のなかから相手にとって「これはいけるかもしれない」というネタを見つけて露出にいたるかもしれません。

そこは、広報担当者としてのコミュニケーション力が物を言います。私自身、記者の方と食事に行くのは、話をしていて楽しいから、それに尽きます。

対話の時間も署名チェックも、すべては相手の気になるツボを探るために行うものです。

Ｗｅｂサービスのリコメンド機能と一緒で、相手の興味関心が高い話題にぴたっとはまれば、露出につながる可能性は高まるに違いありません。

# メディアリレーションズを円滑に進める「10のマイルール」

広報の仕事でも大きな比重を占める「メディアリレーションズ」。

メディアリレーションズとは、**企業のPR活動を支えるテレビ、ラジオ、新聞、雑誌、Webといったメディアとの良好な関係構築**を意味しています。

広報戦略としてメディアとの関係構築において、情報を発信する企業側とメディアがお互いを信頼し合ったうえで、継続的にコミュニケーションをとっていくことは、広報の仕事としてとても重要なのです。

ここで、広報担当者がメディアとお付き合いするなかで、私が気をつけている点を「10のマイルール」としてまとめてみました。

こうすることで人間関係をつくり、やがてはお互いの信頼関係が築かれて、結果として「リレーションが取れている」状況になっていきます。

**ルール1　待たせるという状況をつくらない**

誰しも「待っている」という状況は嫌なもの。

また、それがいつまで待てばよいのかわからない、ということであればなおさらです。

取材依頼への返答、原稿の確認、質問への回答……。期限や締切りより早く、もっと言えば相手が驚くくらい、スピーディに対応することを心がけています。

## ルール2　会社名や媒体名で態度を変えない

広報の仕事をしていると、それぞれの会社ごとに「この媒体に載ったら嬉しい」という媒体があるかもしれません。

ですが、相手の会社名や媒体名で態度を変えるようなことはしてはいけません。媒体名で態度を変えていたら、結局それは相手の看板しか見ていない行為になってしまいます。

記者も転職したり、同じ会社内で違う媒体に異動したりするのはよくあること。そのときに、以前の失礼な態度を挽回しようとしても、もう手遅れになってしまいます。

## ルール3　安易にお願いしない

メディアの方に情報を紹介したり、売り込んだりするのが広報の仕事とはいえ、容易に「記事を書いてください」とはお願いしません。

相手にとって興味を持ってもらえるのではないか、そういったことをご紹介するようにしています。なぜなら、いくらお願いされたところで、媒体にとって価値がなければ取り上げないものだからです。

安易にお願いして、相手に「借り」をつくるのは避けるべきです。

## ルール4　ソーシャルメディアをフル活用する

ソーシャルメディアの普及がなぜ広報の仕事をより充実させたのかと言えば、会ったことのない記者と直接コンタクトを取る手段ができたことです。

署名チェックでぜひ会社や商品を紹介してほしいと思った記者がいたら、FacebookやTwitterで検索します。

私の場合、もしソーシャルメディアのアカウントを開設しているようであれば、直接そこから連絡を取ってしまいます。

なぜなら、編集部に電話をして担当者につないでもらえないかを聞いて……という従来のコンタクトの方法より、確実に企画書や情報を相手に届けることができるようになるからです。

また、お付き合いのある記者の方が積極的にソーシャルメディアを活用しているようであれば、どんなことに興味があるのか、どんな記事を書いているのかもそこでチェックできるというメリットもあります。

## ルール5　相手の仕事に敬意を払う

取材対応して記者から上がってきた原稿があったとします。

そこでの広報の仕事のひとつに、事実と異なる点や、ニュアンスの違いなどに変更を加えることがあります。

でも、変更を加えすぎて原稿が修正の赤字だらけで「真っ赤っか」、相手の原稿が跡形もない……というようなことはしません。

ましてや、取材で話をしたのに大幅に削除したり、話をしていないことを追加したり、ということはもっての外。そんなことをしていたら、取材をした意味がないと思われてしまうからです。

相手の仕事に敬意を払うのは、記者との関係を築くうえでとても大事なことです。

## ルール6　メディアをコントロールしようとしない

メディアをコントロールしようとしない、というのは当然のことです。

これがどのようなことかと言えば、取材された原稿については事前に確認できる媒体もあれば、できない媒体もあります。

どちらにしても、相手は読者のために価値ある情報を提供しようとしているプロです。にも関わらず、自分たちの都合で、「こう書いてほしい」といったコントロールはできないものと考えておくのが、メディアと付き合ううえで最低限のマナーではないでしょうか。

## ルール7　すべて自分の実力だと思わない

たとえ広報の成果として大きく記事が載ったとしても、もともとは事業や現場があってこそ。

すべて自分の実力によるものだとは思わないようにしています。

また、取材依頼をいただくことも多いのですが、会社の看板を自分の実力と勘違いしないようにするということも意識しています。

そのようなところから、会社の評判につながっていくのではないでしょうか。

## ルール8　損得で判断しない

会社や自分に関係ない依頼を記者から受ける場合もあります。

たとえば、「こんなことをやっている会社や人を知りませんか?」という質問だったり、「この人を紹介してもらえないか?」といった依頼だったり。

こういったときも、自分の成果や会社の得にならないからと適当に受け流すことはしません。

いつか誰かに助けられる局面があるかもしれませんので、損得で判断して受けたり断わったりということはしないようにしています。

## ルール9　電話とメール、チャットを使い分ける

とにかく取材などで外に出ていることが多い記者の方々。

締切り間近の原稿に関する質問や、プレスリリースを出した直後の質問の回答など、急ぎの場合は電話で連絡を取るようにします。

そのときも、情報量が多かったり間違えると困ってしまうような数字を説明するときなどは、電話にて口頭で説明した後、「メールで念のため同じ内容を送りますね」と伝えてメールをするような気配りも必要になってきます。

また、ちょっとした連絡を取りたいときはチャットを使ったり、情報量が多いときはメールを使ったりします。

基本的にはそのように使い分けていますが、相手が一番頻繁に使っていそうな連絡手段を選択することも忘れてはいけません。

## ルール10　良いときも悪いときもきちんと向き合う

こちらが打ち出したい情報があるときには積極的に連絡をしてくるのに、会社にとって都合の悪いことだと口が重くなる、あるいは情報をひた隠す、連絡が取れなくなる……。

そんな広報では、相手から信頼してもらえません。

どんなときでも、きちんと誠実に対応してこそ、メディアとの信頼関係が築けるものです。

# 「何かない？」そう聞かれる広報を目指そう

私がメディアリレーションズで目指していること。

それは記者に**「何かないですか？」と言われる広報担当者**です。このように聞かれると、俄然張り切ってしまいます。

当然ながら日々、ニュースや独自の企画になるようなネタを探しているメディアの方々。単に、自社の情報を売り込んで、掲載された、露出された、と喜ぶだけでなく、できればメディアの方々にも喜んでほしいものです。

やはりメディアとしては、その記事や放送が見られたり、話題になったり、視聴率やアンケートスコアが高かったりというのが嬉しい（喜ぶ）ポイントだと思うのです。

だからこそ、客観的に見て「これはニュース性がないよなぁ」というものは、お話ししません。

そんな日々良質なネタを探している方たちに「何かないですか？」と聞かれるということは、私が何か面白い情報を持っているのでは、と少しでも思ってもらえているからです（もし、自意識過剰だったら恥ずかしいですが……）。

記者の方も、雑談のなかから情報を仕入れたり、新しい企画を閃いたり、ということはよくあるそうです。

だからこそ、「何かないですか？」と聞かれたときに話すのは、社内の新しい取り組みやサービスのこともありますし、社内のこととはまったく関係ない、業界内の動向を話すときもあります。

つまり、相手が興味を持ちそうだな、と思うことに焦点を当てて話すようにしています。自分の会社のことを取り上げてもらえないのであれば、広報としては意味がないのでは？と思われるかもしれません。

相手にとって優良な情報を提供し続けていれば（もちろん、他社の機密情報とかではないですよ）、「いい情報を、常に持っている人」と思ってもらえます。

そうすれば会社の取り組みで、ここぞ、というときにも話がしやすくなるものです。

また、新聞記者の方から「いま、ちょうどネタ枯れの時期なんですが……、何か御社で記事になりそうな面白い取り組みがないですかねえ？」と聞かれることもしばしば。

「あ、それであれば、こんなこともありますし、あんなこともありますよ」なんてお話ししたら、それがすべて記事になったなんてこともありました。

「何かないですか?」と聞かれる広報には、**情報の量、情報の新鮮さ、そして記者の視点、もっと言えばその先の読者や一般消費者の視点に立った情報の面白さを判断する力が必要**になってきます。

社内の事業や動向をきちんと押さえておく、というのはもちろんのこと、広報ネットワークの横のつながりから仕入れた情報が活きることもあります。

また、大事なのが社内ネットワークです。

単に会社の事業に関する情報だけでなく、それを取り巻く業界他社の動向、顧客の思考や海外の動向などに詳しい人を社内にたくさん押さえておいて、いつでも質問できるようにしておくと、常に新鮮で豊富な情報を入手できるようになります。

さらに付け加えれば、メディアと一般消費者の視点を合わせるためには、やはりコミュニケーションが欠かせません。

私は記者の方に会うと、「最近何を取材しているんですか?」「最近注目されていることって何ですか?」と質問するようにしています。

取材中の企画で協力できることもあるかもしれないですし、注目していることを聞けばそのときの思考がある程度、理解できるようになるからです。

時流の変化とともに、記者や一般消費者の興味も移り変わります。

だからこそ、記事の署名チェックに加え、常に時流の変化を確認してアップデートしていくことが必要なのです。

このように、私はメディアからの「何かないですか?」に対し、「打てば響く」広報を目指しています。

# 情熱を持った広報が人の心を動かす

私がサイバーエージェントに入社してからの13年、会社規模は30人から3000人規模へと変化を遂げてきました。

事業内容も広告事業から、メディア事業、ベンチャーキャピタル事業、そしていま新たに取り組んでいるエンターテインメント領域へと広がってきました。

そのプロセスは、まったくの未経験から常に手探り、トライ&エラーの日々だったと言っても過言ではありません。

社員の職種構成も、営業中心だったところから、現在はエンジニア・デザイナー、サービスの企画運営を行うプロデューサーと多種多様の職種の社員が働いています。

ずっと同じ会社でありながら転職したかのような会社の変化、そして既存のイメージを塗り替えなければいけない局面に何度もぶつかるなど、たった一社での出来事であっても、ものすごく濃い経験をすることができました。

失敗もありましたが、それを許容してくれた環境や協力してくれる周囲の人たちにとても助けられています。

どんな仕事でも良いことばかりではありません。それは広報も同様です。ときにはネットバブル崩壊後、吹き荒れる逆風のなか、投資家の方からお叱りの声を多くいただいたり、なかなか新規事業が収益化できず、広報としても粘り強い対話が必要な時期があったのも事実です。

会社が拡大する過程で予測もしないような危機が発生しその対応に追われたり、ということもありました。

それでも広報という仕事を続けているのは、**仕事に情熱と誇りを持っている**こと、そして**何より広報という仕事が好き**というひと言に尽きます。

広報は、コミュニケーションによって社会に働きかけをする役割です。事業部が生み出した商品やサービスを、「**広報のチカラでかけ算にする**」ことによって世の中で話題になり、反響があるととても嬉しい！

また、採用面接などを行っていると、「あの報道を見て興味を持ち、面接を受けに来ました」と学生から言われたり、社内を歩いていると「会社が取り上げられた記事を見て親が喜んでいた」などと社員から声をかけられることもあります。

単に露出ができたとか、記事が拡散したという事象以上に、こうやって誰かの心にそれが届いたのだと知ることができたときに、広報としてのやりがいを強く感じます。

専門性が高い仕事なだけに、ともするとテクニックやノウハウに陥りがちですが、私は広報に欠かせないのは何よりも情熱だと思います。

そうでなければ、結局「仕事をうまく回す」ことになってしまいがちだからです。

コミュニケーションによって人の心を動かす、つまり、会社や商品のファンを増やすためには、広報自体が仕事そのものに情熱を持っていなければ、企画を考え抜くことも本当に伝わるようなコミュニケーションをとることもできません。

広報担当者は会社の顔です。

たしかに会社や商品に対して客観的視点を持つことや、課題をきちんと認識することは大切です。

でも、悪口を言っては絶対にいけません。

なぜなら、広報が会社や商品の悪口を言ったとたん、結局はその会社は魅力を失うからです。

私自身、情熱を持って、イキイキと働いている広報がいる会社は、とても魅力的に映ります。

それは、その会社は意欲的な社員が多く、働く環境として経営者を含め、とても良いのだろうと想像できるからです。

そう考えてみると、その**会社や商品を体現する、広報担当者にはそんな役割も求められているということです。**

会社に情熱を失ってしまったら、それは双方にとって残念なことになるかもしれません。広報こそ、仕事に情熱と誇りを持ってください。

せっかく自分の人生のうち、大半の時間を過ごす仕事が楽しくなければもったいないと思いませんか？

もしかしたら、自分がイキイキと仕事をしていることによって、新たなファンを獲得するのかもしれないのですから。

# 広報ネットワークでインプットを増やしていこう

ここで、みなさまに質問です。

「広報担当者」と言えば、どんなイメージをお持ちでしょうか？

華やかで、毎日パーティーや食事会ばかり？　ファッション業界のプレス（広報）的なイメージが強い方もいるでしょう。

そんなイメージをお持ちの方の期待を裏切るようで恐縮ですが、一般的な会社の広報の仕事は、そんなに華やかな仕事ではない！　それは、サイバーエージェントも例外ではありません。

たしかに、広報担当者は横のつながりが他の職種よりも多い職業なのかもしれません。

実際に、広報勉強会、広報コミュニティ、と銘打った集まりは多く開催されています。

参加者は記者の方や業界他社の広報、もしくはまったくの異業種である企業の広報担当者が参加している場合もあります。

とはいえ私は、この手の集まりにデビューしたのはかなり遅いタイミングでした。

なぜなら、秘書の仕事と兼任で広報を始めた２００２年、ネット業界全体に逆風が吹いている時期だったので、外に出て情報交換をする、という余裕すらそれほどありませんでした。

また2005年に広報専任になってからは、毎日がめまぐるしく過ぎていき、朝から夜までプレスリリースの対応に新聞記者とのアポ、雑誌の取材にテレビ撮影の立会い……と、朝から晩までスケジュール帳がびっちりという日々が続いていました。

その後も「Ameba」の認知拡大のための広報強化でプロジェクトが数本並行している状態。そのため、他社の方と交流を図る余裕もなかったのです。

ですが、いろいろなことが落ち着いたときに、ふと自分を振り返ってみると、広報の仕事の「イロハ」をたった数年のうちに多くを経験することができ、会社や業界のことは十分に理解しているかもしれないけれども、「井の中の蛙になっていないかな？」、ふと、そう思ったのです。

そんなとき、偶然にも広報専門誌の編集部の方から、「異業種の広報担当者を集めて情報共有をしたり、その内容を雑誌の企画に活かすことをしたいのですが、参加しませんか？」とお誘いを受けたのです。

たくさんある会社のなかから、なぜ私にお声がけをいただいたのかはわかりませんが、「渡りに船！」という気持ちで参加することにしました。

私は広報という仕事をしているわりには、実は人見知り。初回の会合には内心ドキドキして参加したのを覚えています。

そのとき参加していた人たちは、メーカーに官庁、出版社、Ｗｅｂ制作会社など、業界もさまざま。就業時間後、月に１回集まって半年間ほど情報交換をしました。

「社内広報はどうしている？」

「社内の情報収集はどうしている？」

そんなことをざっくばらんに話をし、私も自分流で数年突っ走ってきたところに、新たなインプットを入れることができました。

そして、そのときの参加メンバーとは、定例の勉強会の後に一緒に夕食を食べに行ったり、その後も定期的に集まる場を設けたり、会社見学に行かせてもらったりと、ずいぶんお世話になりました。

そうやって自分の意識が外にも向いていったら、また世界も広がっていって、業界内の広報関係や記者の方との交友関係も広がっていきました。

交友関係にある方々は、仕事というよりは個人的に話をしていて楽しいので会っている、ということのほうが多いのですが……（笑）。

ただ、そういったネットワークができると、何かあったときに一緒にコラボレーションできないかなとか、ここの会社はこういったことがうまいから話を聞いてみようかな、ということもやりやすくなりました。

また雑談から得る情報も多くあるのも事実です。

たとえば、メディアの方から「こんな企画をやりますが、ぴったりな人はいませんか？」「ちょうどいい取り組みはありませんか？」といった質問を受けた際に、自社が協力できなくても、「そう言えば、あの会社が……」というように情報提供をしてつなぐことで、メディアの方にも、その会社の方にも喜んでもらえる機会ができて一石二鳥だったこともあります。

そんなことをしていると、また逆のことも起こり得るものです。

やはり広報担当者たるもの、広報の仕事の大前提として自社の情報を知っていないといけません。

けれども、このように社外の情報を仕入れたり、客観的視点を養うのも、とても大事なことです。

これは私の感覚ですが、**社内6割、社外4割という情報収集のバランスを取ることが大事なのではないか**と思います。

# 第5章

# 広報女性が社会を変える！

# 女性が活躍しやすい広報という仕事

以前は広報担当と言えば、男性ばかりの職種でした。

ところが、気がつけば女性に人気の職種として光が当たるようになったのは、2004年ごろからでしょうか。最近では、会う広報担当者も女性ばかりです。

広報専門誌の勉強会に行くと、参加者は女性が圧倒的に多いということもしばしばです。

ちなみに、サイバーエージェントの広報担当も全員女性。それは極端かもしれませんが、広報が、女性に向いている仕事なのは間違いないと思います。

そう言えば、1998年からアメリカのケーブルテレビで放送され、女性に大人気となったアメリカのテレビドラマ『セックス・アンド・ザ・シティ』の登場人物のひとり、サマンサもPR会社社長という設定でした。

ニューヨークに住み、キャリアもあり、ファッションや恋愛を思う存分楽しむ大人の女性4人のうち、ひとりの職業設定がPR業というのも象徴的です。

とはいえ、もともと日本企業の広報担当は男性の方が圧倒的に多く、現在も大企業の広報部長のほとんどが男性です。

やはり広報という仕事に女性が就くようになったきっかけは、世間に大きな話題を提供した、ライブドアの元広報女性担当者の存在が大きかったのではないでしょうか。広報という仕事にスポットライトが当たったのも、私が知る限りこれが初めてだったと思います。

2005年には、初めての広報専門誌『PRIR』(現『広報会議』)が創刊されました。私が出会う女性広報はみな明るくてパワフルです。しかも、とてもマメで、交友関係も広く、トレンドにも敏感な人ばかりです。

往々にして女性の方がトレンドや新しいものに関心が高く、海外から日本初上陸したレストラン、話題のイベント、最新の映画に美術展……。

そのような情報を、彼女たちのソーシャルメディアでのシェアで知ることもしばしばです。

そして、単に情報を持っているだけでなく、レストランに行ってみたりイベントに参加してみたり、実際に体験までしている行動力も兼ね備えています。

広報担当者が時流を捉え、話題になる情報をキャッチするセンスが必要だと考えたら、トレンドに敏感という傾向にもうなずけます。

いま、世の中で話題になっていることとの相乗効果でネタをつくれないかを考えるのはもちろん、自ら流行をしかけることも広報の仕事。

これが、私が「女性は広報に向いている」と考える理由のひとつです。


また、広報はコミュニケーション力が重要な仕事です。

総じて社交的と言われる女性は、広報に向いているゆえんなのかもしれません。情報量が武器になるこの仕事、情報を収集するにしても、社内のネットワークやちょっとした雑談が活きてきます。

また、意外と横のつながりもあるのが広報担当ならでは。

業界他社の広報担当者と情報交換をしたり、交流会をしたりということも少なくありません。

メディアの方に魅力的に会社を伝える、誤解を招くような表現をしない、ということにも、コミュニケーション力が必要になってきます。

メディアの方に歓迎される広報担当者とは、**ちょっとした問い合わせにもマメに対応してくれる人です。女性ならではのきめ細かな気配りは、広報という仕事にも活きる**のです。


私自身、新卒で入社した会社で広報職に就き、結婚、出産を経験して、いまは育児をしながら仕事をしていますが、広報は女性がキャリアを積みやすい仕事だと感じます。

もちろん、取材対応や打ち合わせ、緊急時の対応などもありますが、日常的なプレスリリースを書いたり電話で問い合わせを受けたりといった業務は、場所を選ばず仕事がしやすい環境と言えます。

また、専門性が高い仕事なので、いろいろなキャリアプランを描きやすく、培った経験があれば少しのブランクによってキャリアから外れてしまうといったことも考えづらいのではないでしょうか。

# 広報のチカラで女性の活躍を促進

女性が活躍しやすい広報という仕事。

私も広報の仕事に携わり、13年ほどが経とうとしています。

Webメディアの台頭、ソーシャルメディアの出現、そしてキュレーションメディアの登場といったように、会社のことを伝える情報ルートも、マスメディアにとどまらず広がってきています。

当然のように時代や業界環境も変化し、会社自体も業容を拡大し、事業も変化しているので、広報という仕事はずっと同じ部署であっても同じ仕事の繰り返しではなく、むしろ新しいことにどんどんチャレンジしなければいけないので飽きることがない、というのが正直な感想です。

私は2014年に出産し、約1年の産休・育休を取得した後、仕事に復帰しました。いまは、9時から17時までの時短勤務です。

妊娠前までは就業後、少なくとも週2日は夜に記者や広報関連の方、社員との食事会が入ることも多かったのですが、いまはそれも激減しました。その代わりにランチの時間をうまく使って、情報収集を行っています。

とは言うものの、広報の仕事とは、24時間365日休みなしです。

「育児をしながら、できるものかな？」と仕事に復帰する前は少し心配していましたが、チャットシステムやスマートフォンのおかげで外にいても緊急対応ができますし、プレスリリースのチェックや原稿確認などは、子どもの急な発熱などで出社できなくても自宅でできてしまいます。

メディアリレーションズのうえで記者と対面する機会は重要ですが、ここぞというタイミングだけ押さえておけば大きな影響はないので、**育児をしながら広報としてキャリアを築いていくことは、決して難しいことではありません**。

何より、女性が活躍している仕事であること、また世の中に対して情報発信をしかけていく仕事だからこそ、女性が活躍できる社会づくりに何かしら働きかけられればいいな、と最近強く思うようになりました。

これだけワーキングマザーが増えたいまでも、いまだに子どもを持つ女性が働くことに抵抗感を抱く人もいますし、働きたくても働き続けられない環境の人もいます。

また、大半の家庭において女性のほうが家事や育児の負担割合が大きいなか、育児をしながら働くことに漠然とした不安感を抱く人もいるでしょう。

以前、こんなことがありました。

私が育児休暇中、仕事への復帰を見据えて保育園見学をしていたのですが、うっかりしていてある保育園の見学時間の15分前に約束に気がついた、ということがありました。場所は自宅から歩いて30分ほどのちょっと遠いところにありました。バスの本数も少ないことから慌ててタクシーに乗り、初老の男性運転手さんに行き先を告げたのですが、そのときに運転手さんから言われたのは「子どもを預けるの？　子どもは最低3歳までは母親と一緒にいたほうがいいと思うよ。かわいそうだよ」という言葉でした。

そういう考えがあることも理解していますし、人の価値観はさまざまです。運転手さんも良かれと思って言ってくれたのだと思います。けれども、「やはり、そういう考えはまだ根強いのだなぁ」と実感しました。

私自身、仕事が好きだということと、いつか子どもは自立してしまうので、きちんと仕事をして自分の世界を持っていたい、というのが仕事を続ける理由です。

それが将来的に、子どもが誇りに思ってくれるような仕事ができたとしたら、なおさらです。

**大事な子どもとのコミュニケーションの量と質をどう確保するか、また仕事と育児の時間的なバランスは人それぞれです。**

何が良いとか、何が正解とかはありません。

それは一人ひとりがつくっていくものだと思っています。

育休後に仕事復帰をしてから企画し、サイバーエージェントのコーポレートサイト内で公開したコンテンツ「サイママのリアル」はそういった思いから誕生しました。

これは、社内でママ社員が増えていることを背景に、ママ社員たちの勤務時間や復帰のタイミングなどのデータを取って公開すると同時に、6人のママ社員のインタビューを掲載しています。

出産後にキャリアアップした人、まったく新しい仕事にチャレンジしている人、同じ職種でキャリアを築いている人、またフルタイム勤務や時短勤務にと、6人みな勤務時間やキャリアはさまざまです。

でも、これが誰かにとって参考になったり励みになったりロールモデルになったら嬉しい！　そんなふうに思っています。

仕事を続けたい女性がイキイキと働けるように、広報のパワーでもっと女性が働き続けることにポジティブな空気を世の中につくっていきたい、働きたくても働けない母親がいるなか、保育園や保育士不足などの社会問題を解消できるような働きかけができれば嬉しいです。

現在の安倍政権がスローガンとして掲げるとおり、日本がさらに成長するためには、女性という労働力は欠かせません。

もっと女性のパワーを社会に活かすには、世の中の空気を変えていく必要があります。

そのためには、「広報のチカラ」をもっと活かせるはずではないでしょうか。

# 女性が長く働ける環境づくり
## ～制度設計から関わった「macalonパッケージ」～

安倍政権の成長戦略のひとつとして掲げられている女性の力。

サイバーエージェントでも、女性が活躍できる環境づくりには力を入れています。

ちょうど私が産休に入る直前に、サイバーエージェントではさらに女性が長く働くことができる環境づくりをしようという目的のもと、「macalon（マカロン）パッケージ」という制度を設立しました。

これはある日、社長の藤田から「女性が働き続けられるような制度をつくりたいんだけど」と声をかけられたところから始まりました。

すぐに人事と一緒に連携して制度を考えるところからプロジェクトがスタート。

私からは広報として世の中の流れからどんなことが考えられるかという視点で意見を出し、また人事からは実際に働く社員の声や実際に運用したときのイメージトレーニングまで含めた考え、意見を出し、検討しました。

制度だけつくっても実際に使われず、流行らないと意味がないですし、特定の層の社員にだけ手厚い制度になってしまえば周囲から不満が出てしまいます。

そこで、いくつも案を出し、そのなかから取捨選択し決まったのは次の5つです。

### ① エフ休

女性特有の体調不良の際に、月1回取得できる特別休暇です。

通常の有給休暇も含め、女性社員が取得する休暇の呼び方を「エフ休」とすることで、利用用途がわからないようにし、取得理由の言いづらさ、取得しづらさを排除しました。

### ② 妊活休暇

不妊治療中の女性社員が、治療のための通院などを目的に、月1回まで取得可能な特別休暇です。

急な通院や体調などを考慮し、当日取得が可能です。

本休暇取得の際には「エフ休」という言葉を使用することで、周囲に知られず取得が可能です。

### ③ 妊活コンシェル

妊活に興味がある社員や、将来の妊娠に不安がある社員が、専門家に月1回30分の個別カウンセリングで相談できる制度です。

このほかにも、専門医による社内セミナーの開催およびクリニックの紹介を実施しています。

### ④ キッズ在宅

子どもの急な発病や登園禁止期間など、子どもの看護時に在宅勤務できる制度です。契約した労働時間を上限に利用が可能です。

### ⑤ キッズデイ休暇

子どもの入園・入学式や親子遠足、参観日といった学校行事や記念日に取得できる特別休暇です。年に半日休暇2回の取得が可能です。

このうち、妊活コンシェル、キッズ在宅、キッズデイ休暇は男性社員も利用できるものです。

また、妊活休暇と妊活コンシェルは、著名人が妊活をしていることを表明したり、妊活のために仕事を長期で休んでいることがニュースになっているのを背景に、もしかしたら社内にも人知れず行っていたり、悩んでいる社員がいるかもしれない、ということから制度導入を決定しました。

結果的に、子どもがいなくても将来的に妊娠を望んでいる社員、いまはそこまで考えていない社員など、性別に関係なく、すべての社員が利用できるようになっています。

そして、何より苦労したのはネーミングです。

制度名がキャッチで覚えやすいものでないとみなが口に出さないし、流行らない。たとえば「女性支援制度」といったものではありきたりすぎて、頭に残らないですよね。

だから、何回もミーティングを重ねてネーミングを考えました。

結局、「ママ（mama）がサイバーエージェント（CA）で長く（long）働く」という意味の「macalonパッケージ」という名称を発案したのは、自身も子育て中である人事担当の女性社員でした。

このキャッチでオリジナルなネーミングと、現政権が女性の活躍支援を推進しているという背景、妊活という言葉が浸透するなか、企業が社員の妊活にまで踏み込んで制度設計している例はほかでは見当たりません。

ということもあり、ビジネス雑誌や新聞、Ｗｅｂメディアなど本当に多くのメディアに取り上げられました。

これらのおかげで、単なる若者集団というイメージではなく、「サイバーエージェント＝社員が長く働ける会社」というイメージが浸透してきたような気がしています。

私自身、妊娠から産休・育休のタイミングで、こういった制度設計に少しでも携わることができ、またそれをメディアに出していくことに関われたことはとても良い経験ができたと思っています。

何より、制度設立のタイミングで雑誌に取り上げられたことをソーシャルメディアで紹介したときに、同じ会社以外の女性や子育て中の男性の方からとても好意的な声をかけてもらったのは、とても嬉しい出来事でした。

# 育児と仕事を両立する、広報の段取り術

広報担当の一日のスケジュール。

いまは育児中なので出産前とがらりと変わりましたが、私の平均的な一日をご紹介します（左ページの表をご参照ください）。

取材や決算発表、イベントなどのときは退社時間が遅くなることもありますが、基本的にはこんな毎日を送っています。

ここで、育児と仕事を両立する、広報の段取り術のポイントを押さえておきたいと思います。

**・新聞や雑誌記者の方は基本的に午後に連絡**

一般的に朝が遅めの業界なので、記者の方と連絡を取るときや取材の設定なども、よほど急ぎでない限り午後に行います。ただし、新聞記者の方は急ぎでない限り、記事を書く締切りの時間帯である夕方の連絡は控えます。

◆筆者の平均的な一日のスケジュール

| | |
|---|---|
| 6:00 | 起床。支度をした後、洗濯や朝食づくり、夕飯の仕込み |
| 6:40 | 子どもを起こし、朝食を家族全員で一緒に。子どもの準備を横目で見ながら、情報番組をチェック |
| 8:00 | 子どもを保育園に送った後、会社へ。移動中に日本経済新聞電子版をチェック |
| 8:45 | 出勤。自社記事のクリッピングを確認した後、新聞や雑誌、Webニュースをひと通りチェック<br>※定時開始の10時までの間にメールを返信 |
| 10:00 | 始業。午前中はプレスリリースや原稿のチェックなどのデスクワークや、社内ミーティングが中心 |
| 12:00 | ランチ。社員や記者、他社の広報の方と外でランチをすることも<br>※繁忙期にはデスクで食事を取りながら仕事をすることも |
| 13:00〜 | 取材や翌日の取材準備など |
| 17:00 | 退社。現在は時短勤務のため、この時間に退社、保育園へお迎え |
| 18:00 | 帰宅。夕食の後、お風呂、子どもと遊んだり<br>※基本的に、この時間はメールチェックをしませんが、緊急時に連絡が来てもすぐ対応できるよう、スマートフォンは手元に |
| 20:30 | 子どもの寝かしつけ<br>※子どもが寝た後に家事と翌日の準備。その後に仕事をしたり、急ぎのものがないときは、雑誌や本をインプット |
| 24:00 | 就寝 |

**・テレビ関係の方との連絡は、生番組の場合は担当番組の放送時間を外す**

当然ながら、放送時間中と放送時間前は多忙なので、テレビ関係の方との連絡はその時間を外します。

また、夜のニュースを担当している方であれば、朝早くに出社していないことも多いので、やはり午後に連絡するようにしています。

**・記者の方との連絡は携帯電話でスムーズに**

記者の方は外出が多いので、会社の電話番号ではなく携帯電話で連絡を取り合うことがほとんどです。

私も時短勤務で会社にいる時間が限られているので、携帯電話でのやり取りで相手にストレスを与えないようにしています。

**・スキマ時間にインプットを怠らない**

時流のキャッチのためには何を報道されているのか、いろいろなメディアのチェックが欠かせません。

スキマ時間で新聞・雑誌、ニュースアプリやソーシャルメディアのタイムラインをチェックします。

ざっと目次や記事一覧をチェックし、大体何が報道されているのかを把握した後で、気になるものをじっくり読みます。

また、記事のクリッピングは自社だけでなく業界他社の記事もチェックします。

## ・取材準備は前日までに済ませておく

ファクト集め、資料の用意など、取材の準備は前日までに行います。

足りないデータがある場合は、それより前に関連部署に依頼をしてデータを確認することもあります。

## ・常に前倒しで仕事を進める意識を持つ

現在は時短勤務でまだ子どもが小さいため、急な発熱などがある場合もあります。

そこで会社や取引先に迷惑をかけないためにも、プレスリリースの確認や原稿の確認など、締切りに余裕があっても、手元に届いたものはすぐ確認し、前倒しで仕事を進めることで不測の事態に備えます。

基本的に、退社するときにはタスクが残らないように計算しながら、日中の仕事配分を考えています。

**・会社にいなくても仕事ができる環境づくり**

社内チャットシステム、メール、スケジューラーなどスマートフォンでどこでも確認・対応できるので、社外にいても仕事を進めることができます。

また、他の広報担当と共有すべきことなどは「Googleドキュメント」などを利用すれば社内サーバに文書を置かなくても済み、どこでも仕事ができるようになりました。

**・とはいえ、緊急時にはすぐに対応**

帰宅してからは、子どもが寝つくまでは基本的に家族のことを優先しています。

とはいえ、いつ何が起こるかわからないのが広報の仕事なので、緊急時にはすぐに返信、対応するようにしています。

会社にいる時間が短いことで、周囲に助けられていることがたくさんあります。

だからこそ、互いの信頼関係を築けるように緊急時にはすぐに返信、相談に乗るようにしています。

# 相手に寄り添う、広報の身だしなみ

広報担当者としてふさわしい身だしなみ――。

そう言われて、どんな服装を思い浮かべるでしょうか？

私は、**広報とは会社の顔**だと思っています。

メディアの取材を受ける際も、会社を代表して話すことが多いので、清潔感があることはもちろんのこと、受け手に好印象を与える服装を心がけたいものです。

広報担当があまりに安っぽい格好をしていたり（当然のことながら、高級なものを着なければいけないという意味ではありません）、だらしない服装をしていると、その発言まで説得力がなく、信頼感がないように受け取られかねないからです。

このほかにも、私は会社やサービスのイメージを自らの存在で伝えられるような服装も意識しています。

たとえば、サイバーエージェントと言えば「インターネット企業で多くの若い人が活躍する会社」というイメージがあります。

イキイキ働いている社員や、自由で風通しの良い社風、新しいサービスを生み出すスピード感などを感じてもらいたいので、普段の私はあえてカッチリしたスーツを着用することはなく、明るい色の洋服やトレンド感も意識した服装を身に着けるようにしています。

会社のコーポレートカラーがグリーンなので、自分が取材を受けて写真などを撮影される際はあえてグリーンを差し色にした洋服を着ることも。

逆に、ロゴやサービスのキャラクターと一緒に写真に写ることが想定される場合は、ロゴを引き立たせるために白やベージュなどの淡い色を着るようにしています。

どんな場合でも大事なのは、TPOを意識することです。

たとえば、取材を受けるメディアがどんな特性を持っているかを考慮しながら、相手の服装を推測して、それに合わせるようにしています。

新聞社や経済系の媒体の方はスーツを着ていることがほとんどなので、私もジャケットを着用したり、比較的コンサバティブな格好をするようにしたりしています。

Web媒体の方の場合は、もう少しカジュアルダウンしたジャケット＋パンツスタイルなどがほとんどなので、私もシャツスタイルやワンピースといった服装にしています。

エンタメ系やファッション系メディアの方はもっと自由度が高いので、私もカジュアルな格好をしたり……。

また、テレビの撮影は長時間にわたることも多く、またスタッフの方はデニムや動きやすい服装のことが多いので、私も裏方として撮影に立会う場合は動きやすいパンツスタイルをするようにしています。

このほかにも、イベントや記者会見で黒子として働く際はダークカラーのスーツを意識して選んでいます。

もちろん、一日に複数の取材が入ることも多いので、そういった際はどなたに会っても一番失礼のないような格好にしていますが、**「相手に合わせる」ことで親近感を抱いていただきやすく、信頼してもらいやすくなる**ような気がします。

これは実は取材対象者にも同様で、経営者や社員に取材を受けてもらう際、撮影の有無・どんな媒体でどんな取材かによって、服装の指定をすることもあります。

「スーツを着てください」「普段の服装でお願いします」「顔写りの良い服装で」「ストライプや細かいチェックなどの柄物は避けてください」などといった具合です。

先ほどお話ししたメディアのジャンルに加え、当社の何の事業について話をするのか、ということも含めて指定するのがポイントです。

たとえば、広告事業の分野で話をする場合は、クライアントやそうなり得る企業の方々が記事を見ることが想定されるのでスーツを指定します。

また、ゲーム事業での話をする場合は、そこでスーツを着て登場すると読者との距離が感じられるので、あえて普段着を着てもらうこともあります。

さらに、テレビで話をしてもらう場合、ストライプや細かいチェックの服装を避けてもらうのはモアレ（干渉縞）が生じるのを防ぐためです。

最近のテレビではあまり見かけなくなりましたが、それでも万が一を考えて避けたほうが無難です。

加えて女性は、やはり写真写りを気にすることが多いので、そういう場合は白や自身に合った色（いわゆるパーソナルカラー）の洋服を着ることをすすめたりします。

見た目からかもし出す雰囲気の効果は意外に侮れないもの。

自分が好きな服装を着るだけでなく、相手に信頼感を与え、会社のイメージを伝えるような服装を選ぶのが広報の身だしなみだと思います。

# 企業の広報担当者に必要なのは愛そのもの

広報という職種で活躍する女性が増えるいま、「PRに興味があります」「広報になりたいんです」そんなふうに相談されることもあります。

**広報、PRという仕事は専門性が高く、そこに特化してキャリアも積みやすい仕事です。**

その一方で、取材対応をしたりイベントや記者会見を開催したりと、一見すると、とても華やかに見られがちです。

ですが、実は思いっきり裏方の地味な仕事で、良いときも悪いときも社会の声と対峙しなければいけない、それこそ会社に不祥事やトラブルなどの危機が発生したときには、記者からの厳しい質問にもきちんと対応しなければいけない、そんな仕事なのです。

華々しく「広報担当」なんて取り上げられている記事を見て誤解されることもありますが、あくまで主役は会社であり、事業、商品です。だとすれば、自分ではなく、その主役にスポットを当てなければいけません。

いまでは、広報という職種が認知されたからこそ、広報担当者自体が取り上げられるような企画も増えましたが、それはあくまで一部の話です。ただ、そんなこともあって漠然と憧れを抱いている人も少なくないように思います。

そんな誤解を解いたうえで、私がそこでいつも質問するのは、「ＰＲという仕事自体に興味があるのかどうか、それとも違う理由があるのかどうか」ということです。

ＰＲという、トレンドや空気感を世に生み出す仕事に興味がある、コミュニケーションが好きで、中長期的なキャリアを考えた際にＰＲという分野や経験を積みたいなど、いろいろな理由があると思います。

もし、ＰＲという仕事自体に興味があるという人に対して、私がお伝えしているのは「企業の広報担当という立場ではなく、ＰＲ会社で働くという選択肢もあるよ」ということです。

ＰＲ会社とはその名のとおり、ＰＲに特化した代理店です。

クライアント企業からのオーダーを受け、ある商品の認知やブランディング、はたまた企業のＰＲや啓発活動などを立案、実施する仕事です。

必要に応じてイベントや記者会見を実施することもありますし、そういったものをメディアに売り込む、いわばＰＲのプロです。

さまざまな企業や商品のＰＲを手がけるので、大量のケースを経験することもできるでしょうし、一般企業の広報担当であればそこまで頻繁にメディアの方と連絡を取る機会がない（ネタや理由がない）ということもありますが、クライアントをたくさん抱えているだけに、そういったメディアとのネットワークも築きやすいでしょう。

では、企業の広報担当はどうでしょうか？

やはり、この立場を選ぶのであれば、**会社やサービスへの愛がないといけない**というのが私の意見です。

いくら会社のファンづくりが広報の仕事と言っても、**自分自身が会社やサービスを好きでなければ、いくら外にそれを発信しても信ぴょう性が薄れてしまう**からです。

自分が本当に良いと思っているからこそ、その言葉にも説得力や想いが生まれてきます。

そもそも、私が広報になりたいと思ったのは大学生のときでした。

サイバーエージェントに新卒として内定が決まり、入社前に会社でアルバイトをしていたときのことです。

そのときはまだ社員数30人、上場も決まっていないときで、ただ自分たちがネットという新しい産業をつくるんだという社長や社員の熱い想い、市場の将来性、何よりそこにいる人たちの人間的魅力に惹かれて入社を決意しました。

ちょうど内定後のアルバイトをしているときにサイバーエージェントのマザーズ上場承

認が下り、当時最年少上場社長の誕生として脚光を浴びているのを目の当たりにしたことが、広報という仕事を意識するきっかけでした。

もっとサイバーエージェント自体やその良さを知ってもらえたら面白いだろうな、なんて思っていたところ、会社の先輩と話をしていたら、それが広報という仕事だと教えてもらったのです。

しかも、「上村さんは広報に向いていると思うな」と言われ、単純な私は「広報になりたい！」と思ったものでした。

こんなことがきっかけで、私の広報キャリアは始まったわけですが、そもそも基盤に会社愛があったからこそ、会社が良いとき悪いとき、市場のアップダウンがあったとしても、それに耐えられ、これまで広報という仕事を続けられてきたのだと思います。

ファンになってもらいたいのであれば、まず自分が一番のファンであれ――。

企業で働く広報担当者に必要なのは、この気持ちにほかなりません。

## 愛とともに広報に必要なものは客観性

広報には愛が必要だと述べました。

でも、広報担当者は盲目的な愛ではだめだと思っています。

伝えたい相手がいるのに、主観的で独りよがり、客観性を欠いていたら、どんなに一生懸命伝えても相手には響かないですよね？

仕事でプレゼンをするときにも、相手に納得してもらうように話をすると思います。相手の立場に立って気になる点はどこだろう、魅力的に映るところはなんだろう、競合他社に比べて選んでもらう理由となるようなポイントについて話をしますよね。

しかし、延々と自社の製品の優れたところばかりを並べ立てても、自画自賛としか受け取られないのではないでしょうか。広報もこれと一緒です。

「私はこれがいいと思うの！」と声高に言っても、なぜそれがいいのか、他のものと比べて優れているところはどこなのか、劣るところもあるけれども、それを上回る魅力は何なのか……、そのようなことを広報担当者自身が理解できていなければ、人からは共感を得られません。

だからこそ、**広報担当は会社や商品への愛はもちろんのこと、それを客観的に見る視点も重要**だと思います。

「これはこんなに素晴らしいんだ！」

それを盲目的に言ってもいいのは、商品やサービスの開発者なのかもしれません。

なぜなら、自分たちが「最高だ」と思うものだからこそ完成させ、市場に出しているからです。

むしろその熱い想いが、メディアにとって取り上げたくなるストーリーとなることもあります。

でも、広報担当者も一緒になってそれを言っていたらいけません。

もちろん、情熱は大事です。

それに加えて、社会と会社の〝コミュニケーション・ハブ〟となるべき広報担当者としては、一歩引いた視点で「社会から見たらどうなのだろう？」という客観的な視点がなければ、どうアプローチして、どうやって情報を見せればそれが受け入れられるのかも見えてこないからです。

実は、「世の中に受け入れられるために客観性が必要」ということとは逆の意味で、客観性が必要になる側面もあります。

世の中には、いろいろな立場の、いろいろな人がいてそれぞれの主観と価値観のもと、成り立っています。

そんな情報を届ける先にいるたくさんの人の気持ちに立って、「ここの部分はこういった人に不快感を与えるかもしれない」「こう表現すると反論する人がいるかもしれない」「この方面から思わぬ突込みを受けるかも」、そのようなことを考え、社内コンサルタントのように客観的な視点で問題の指摘・解決を行うのも広報の役割です。

かくいう私も、広報専任になったばかりのころは、とにかく攻めの一点張りで事を進めたときにこの客観性が足らず、失敗したことも過去にたくさんありました。

社内外から大きな反論の声や意見をいただき、自分の視点があまりに偏っていたことに気づかされたこともあります。

この本を手に取ってくださっている方にはそんな失敗はしてほしくないので、「これは相当話題になるかも」「これは面白いかも」と思っても、あらゆる立場の人の考えを想像してみることをおすすめします。

特にWebメディアなどは、エッジの立ったものを取り上げることがあります。

このネット時代、ソーシャルメディアなどでそれは一気に拡散し、ビューが集まるからです。そんな時代だからこそ、あえて炎上させて知名度を上げる〝炎上マーケティング〟なる言葉があるほど……。

単に会社や商品の知名度を上げたいのであればそれでも良いかもしれませんが、会社のファンをつくるという目的から言えば、やはりそれではいけないですし、そこに広報が介在する意味はなくなってしまいます。

**客観性を磨くには、相手の立場に立って考える想像力が必要で、それには読書が必要だとよく言われます。**

私はもともと読書好きでしたが、それまではビジネス書と小説ばかりと、読む本が偏っていたので、その反省からルポルタージュやノンフィクションなどもよく読むようになりました。

これが正解なのかはわかりませんが、それでもたくさんの人とコミュニケーションをとること、あらゆる立場に立って考える想像力を磨くため、私も常に手探りです。

会社と社会、主観と客観を行ったり来たりできる広報担当者が本当のプロフェッショナルなのだと思っています。

# 広報の仕事は、24時間365日休みなし！

右のタイトルは、ちょっと言いすぎかもしれませんが、事実でもあります。

もちろん、きちんと土日はお休みしますし、夏季休暇や年末年始などの長期休暇もしっかり取っています。

私自身、育児中のいま、帰宅したら子どものご飯にお風呂に寝かしつけに、と慌ただしく、ひと息ついて会社のメールチェックをできるのはすでに深夜なんてこともしばしば……。

ただ、広報はいつ仕事が発生するかわからない、そんな仕事でもあります。

いまから数年前のことでしょうか。

金曜日だったこともあり、ちょっと夜遅い時間まで食事とお酒を楽しんだ翌日の土曜日の朝。いつもより少し寝坊をして起きたら、携帯電話の着信と留守番電話が何件も入っていてビックリしたことがありました。

番号登録のされていない電話番号、いったい何事かと恐る恐る留守番電話を聞いてみると、それは新聞記者からの「今日のスポーツ紙に掲載されている件は本当ですか!?」という問い合わせの電話だったのです。

慌ててそのスポーツ紙を見てみると、あるプロ野球球団のオーナー会社が球団の売却を検討しており、その売却先としてサイバーエージェントが有力であるという記事が載っていました。しかも、その日のうちに球団が緊急記者会見を実施するとまで書いてありました。

「い、いったい、どうなっているんだろう……」

そんな情報はまさに寝耳に水。そんなことがあるのであれば、絶対に広報にも情報共有されるはずです。

「いや、でもあまりに秘密裏に動いていて共有される前に漏れたのか……」

一瞬のうちに、私の頭はパニック状態に。

と思ったら、社長の藤田がすでにTwitterで報道に関する否定をしていました。

おそらく、朝起きて記事を見たか、もしくは本人にも問い合わせが来たのでしょう。球団買収となったら、それはもう大ごとです。

その後すぐ、私は改めてそんな事実がないことを確認し、留守電を残された記者の方々一人ひとりにお電話で事情を説明しました。

きちんと否定をしても、それでも社長本人のコメントを取りたいというメディアもあり、そういった方々には、偶然その日に開催される予定だった個人投資家向け説明会の後に時間を取るので会場にお越しくださいと案内し、再度サイバーエージェントからと、球団からも否定をすることで事態が収束したのでした。

いまの時代、思わぬ報道があった場合、スピーディに対応できるソーシャルメディアはとても便利なものだと実感すると同時に、広報担当としては自身がまず記事に気がついて対応できなかったこと、記者からの電話にリアルタイムで出られなかったことをとても反省しました。

こんなエピソードからもご理解いただけるとおり、広報の仕事は24時間、３６５日いつ発生するかわからないものです。

週末だからといって羽を伸ばしてちょっと遅い時間までお酒を飲み、寝坊をしていたら……私のようなことになりかねません。

何より、新聞やテレビ、Ｗｅｂなどのニュースは、年中休みなしです。

せいぜい、休むとしたら元旦くらいでしょうか。

何かしらニュースが毎日生まれるなか、メディアもそれを報道し、それが会社や業界に関わることであれば、それは年末年始だろうが土日だろうが関係なく、広報は対応する。

それが私たち広報の仕事です。

「いま、お休み中なので、数日待ってください」

メディアに放送時間や新聞を刷る時間など締切りがあるなか、そんなことは口が裂けても言えません。

携帯オフや充電切れなんてもっての外、いつでもつかまる「つながる広報」という存在でなければいけません。

それが、広報担当者のあるべき姿だと思っています。

# おわりに――広報は強く、正しく、美しく

本書を手に取って最後までお読みいただき、ありがとうございます。

平々凡々な大学生で就職先としてベンチャー企業なんて微塵も考えていなかった私が、サイバーエージェントと出会い、社員数30人だったサイバーエージェントに飛び込んで15年になりました。

当時は、インターネット黎明期。

その後に訪れたのは、「i-mode」の登場、ブロードバンドの普及、ソーシャルメディアの登場、ソーシャルゲームの隆盛、スマートフォンの普及……。

新たな技術やデバイスが生まれ、インターネット市場は急速に拡大していきました。

私の社会人としてのキャリアも、広報としての経験も、業界と会社の成長とともに歩んできました。

まったく未経験、未熟な広報担当としてのスタートでした。

何が正解なのかもわからないまま、手探りでなんとかこれまでやってこられたのは、相

対する記者の方、協力してくれる社内、一緒に働く仲間、情報交換できる広報ネットワーク、そして失敗も許容しながら挑戦させてくれた周囲のおかげです。

広報は、いつも良いことばかりではありません。会社が危機のときにはその対応に追われ、気が重くなるときもあります。

発表していない情報が外に出て青ざめたことや、自分のコミュニケーション力不足に落ち込むこともありました。

それでも不思議と、「広報を辞めたい」と思ったことは一度もありません。

それは広報という仕事、これまで自分を育ててくれたこの環境が何より好きだったことにほかならないと思います。

社会人になって15年、そのうちの13年間で広報としてキャリアを築いてきました。

これだけやってきて、「やっと広報という仕事は自分に向いているのかもしれない」と言えるようになった気がします。嬉しいことに、この本のように自分がやってきたことをまとめる機会もいただきました。

社員や事業があってこそ広報が活きてくる。そんな仕事が広報というものですが、いまのサイバーエージェントの姿は入社した当初には自分でも想像しきれないものでした。

広報は、会社と社会のコミュニケーション・ハブです。

社会の窓口となる役割です。

もちろん、会社が露出されたり、その反響が大きければ嬉しいです。

でも、そういった仕事の一つひとつに一喜一憂せず、どっしりと腰を据えて一貫したメッセージを伝え、長期の視点で会社のファンを増やすことが何よりも大切。

そんなことを実感した13年でした。

どんな状況であっても心をタフに、倫理観を持って、会社の顔としてふさわしい姿でいる。


広報こそ、強く、正しく、美しく。

みなさまと一緒に、そんな広報を目指していければ嬉しいです。

著　者

上村嗣美（うえむら　つぐみ）

株式会社サイバーエージェント　広報責任者。1978年生まれ。

法政大学在学時、就職活動中に当時社員数30名、設立2年目だった株式会社サイバーエージェントと出会い、会社のビジョンに共感し入社。大学生のときから内定者としてサイバーエージェントでアルバイトを始め、ネットバブル、東証マザーズ上場を経験。

上場の過程を目の当たりにしたことから広報を志す。入社後は社長秘書を経て、広報へ。

広報部門の立ち上げに携わり、企業広報のほか、「Ameba」など自社サービスの認知拡大に努める。2008年より広報責任者。

以来、一貫して広報としてキャリアを築き、会社の事業拡大、社員数の増加といった会社の成長とともに、常に新たな広報活動に取り組む。2014年に出産、1年の産休・育休を経て2015年に仕事復帰。育児と仕事を両立中。現在は、メディアリレーションズなどの広報活動のほか、広報担当者の育成、広報組織力の向上に注力。

成長《せいちょう》をかけ算《ざん》にする
サイバーエージェント　広報《こうほう》の仕事術《しごとじゅつ》

2016年３月１日　初版発行

著　者　上村嗣美 
発行者　吉田啓二

発行所　株式会社日本実業出版社　東京都文京区本郷３－２－12 〒113-0033
大阪市北区西天満６－８－１ 〒530-0047

編集部　☎03－3814－5651
営業部　☎03－3814－5161　振　替　00170－1－25349
http://www.njg.co.jp/

印刷／壮光舎　製本／若林製本



ISBN 978-4-534-05359-6　Printed in JAPAN